바위나무 6

2001년 글 그리고 20-21년 시

바위나무 6

초판 1쇄 인쇄 | 2022년 7월 31일
지은이 | 홍세민
펴낸이 | 이재욱(필명:이승훈)
펴낸곳 | 해드림출판사
주　소 | 서울 영등포구 경인로82길 3-4(문래동1가 39)
　　　　센터플러스빌딩 1004호(우편07371)
전 화 | 02-2612-5552
팩 스 | 02-2688-5568
E-mail | jlee5059@hanmail.net

등록번호　제2013-000076
등록일자　2008년 9월 29일

ISBN　979-11-5634-513-8

바위나무 6

2001년 글 그리고 20-21년 시

홍세민 지음

☀ 해드림출판사

책을 펼치며...

2016년 봄 즈음 처음으로 '바위나무'라는 제목의 시집을 낸 지 5년이라는 시간이 흘렀습니다.

저에게 글은 위안이자 아픔입니다. 저는 마음이 아프면 글을 씁니다. 글은 마음에 다가가 그 소리를 듣습니다. 그 시간 시간이 쌓여 조각조각의 글은 일기가 되었고 시가 되었습니다.

20대 썼던 글은 일기로, 가끔은 시로 표현됐고 지금도 여전히 글은 제 주변을 항상 맴돌고 있습니다. 손을 뻗으면 언제든 다가와 손을 잡아주는 친구로.

저에게 글은 세상으로부터 도피처, 세상으로의 꿈으로 그렇게 여전히 있습니다.

글에 있어서 20대 때와 지금은 다른 점이 있습니다.

20대 때는 좋아하는 것도 모른 채 갈팡질팡하고 막연히 글로 먹고살 수 없고 꿈을 저버릴 수밖에 없는 현실 앞에서 많이 갈등하였지만 지금은 글 자체가 좋다는 건 확실합니다. 글 자체로 좋습니다. 글로 먹고살지 않아도 글과 함께한다는 자체로 좋습니다. 그 글을 아껴주고 보듬어 주고 싶습니다.

그리고 글로 더 큰 세상으로 나아가고 싶습니다. 먹고사는 건 다른 일로서 할 수 있고 글은 내 안에 소중히 꿈으로 남겨두고 싶습니다.

그렇게 저에게는 소중한 글을 또 담았습니다. 20대 썼던 일기와 그로부터 20년 후 썼던 시를.

한 소녀는 정처 없이 어떤 길을 갑니다. 처음으로 가는 길. 누가 알려주지도 않아도 혼자서 그렇게 무턱대고 갑니다. 가다가 생각하고 주저앉기도 하고 다시 돌아오기도 합니다. 넘어지기도 하고 다시 일어나기도 합니다. 그렇게 소녀는 그 길을 여전히 가고 있습니다.

여전히 마음 아파하기도 하고 고민하기도 하지만 마음 한편에는 여전히 별이 빛나고 있습니다. 희망을 간직한 채 여전히 그 길을 걸어갑니다.

별은 당장 보이지 않고 조각조각 흩어져 있지만 결국에는 그 조각들이 하나의 별로 되어가는 과정일 거라 생각합니다. 소녀와 별. 모두 희망을 안고 그렇게 나아갑니다.

이 소녀의 마음이 지금 이곳을 살아가는 모두의 마음일 것입니다.

희망이 있었기에 그때도 살아갈 수 있었고 지금도 희망이 있기에 이 길을 걸어갈 힘이 생깁니다. 저의 개인적인 20대 때 일기와 20년 후 꿈을 이뤄가는 지금의 시가 누군가의 삶에 희망과 위로가 되길 바랍니다.

'바위나무'라는 제목의 책이 그렇게 희망의 디딤돌로 놓여지길 바라며, '바위나무 6'을 폅니다.

2021년 12월 눈 내렸던 겨울 어느 날
홍세민 올립니다.

2001.01.01.

오빠가 와서 같이 떡국 먹고 얘기 나눴다. 별것도 아닌 일로 언니랑 우기는 바람에 좀 분위기가 어색해졌지만 그래도 배불리 먹고 즐거운 하루를 보냈다.
언니를 따라다녔던 옛날 어린 시절 앨범도 보고…아빠가 언니 분신, 밥이라며 놀리셨지만 기분이 좋았다. 이제는 가족들이 거는 기대가 큰 만큼 부담감을 가지고 열심히 해야겠다. 맘 편히 할 수 있어서. 모든 거에 집착을 버리고 나니 편하다. 이제는 긴장감을 가지고 시험 준비에 임해야겠다. 훈제씨한테서 전화가 왔다. 편한 친구로 남고 싶다. 이제부터 시작이다.

2001.01.02.

영하의 날씨다. 얼굴에 뾰두라지도 나고 말이 아니다. 하루하루가 즐겁다. 공부하는 것도

2001.01.03.

언니가 공무원 시험 부담 주는 거에 좋게 생각하자. 고시실에 전기난로 들어온다고 교수님께서 이런저런 말씀 하셨다. 결국 공부하러 들어왔는데 다른 거 공부하면 안 되나..떳떳이 공부하자. 계획을 잘 세워서 꼭 지키자. 단점을 장점으로 생각하고…

저 우주 끝에
가녀린 내 마음이 매달려있네

보고 싶은 것만 보는 눈
보이지 않는 우주를 생각하는 마음

한없이 고요한 우주
내 마음 안으로 들어오길

볼 수 없지만
느낄 수 있는
내 몸 안의 우주
내 몸 밖의 우주
하나로 연결되어
흔들림 없기를

언니가 얘기도 잘하고 너무 좋다. 실망시켜 주지 말아야지…

2001.01.04.
누군가를 진짜 아끼고 좋아하고 싶다. 가족들이 공무원에 거는 기대가 큰 만큼 효율적이고 집중있게 공부하자. 고시실 교수님 찾아가 진로상담 겸 공무원 준비에 대해 말씀드리러 찾아뵙다. 공부를 위해 악한 사람이 되자. 돈도 최대한 아끼고 기회비용을 생각하자. 한 달에 10만 원이라는 돈이 나간다.

있는 게 좋은 가 보다. 언니가 즐거워 하고 행복해 한다면 그것으로 족하다. 언니는 무엇이든 하면 잘한다. 회사 상사 조부장 때문에 힘들어하는 모습이 안쓰럽다. 양이 언니에게로 달려드는 꿈을 꿨다. 좋은 일이 잔뜩 생겼으면 한다.

2001.01.05.
아빠, 엄마는 우리와 같이

2001.01.06.
성적이 나왔는데 망했다. 장학금은 물 건너갔고… 걱정이다. 세법은 하면 할수록 어렵고 끝까지 열심히 해야 하는데… 한 시간을 하더라도 집중있게 해야한다. 자신감을 가지

2

온종일
겨울비가 내리네
똑똑똑
툭툭툭

너가 내려
똑똑똑
너가 보이지 않아
툭툭툭
여전히
내 마음에
너가 내려
똑똑똑

눈을 살포시 감아
너를 듣는다
너가 다가와
똑똑똑
너가 멀어져
툭툭툭

온종일 너가 내리네

고… 일요일에도 나와서 하자. 한 가지 일에만 매진하자. 학과 공부 신경쓰지 말자. 매물원가다.

2001.01.07.

눈이 펑펑 쏟아졌다. 고시실에 가려고 나서려고 하는데 도저히 갈 수 없어 집에서 티비보고 쉬었다. 가족들이 성대 편입 준비해 보라고 하니까 관심이 또 생긴다. 두 마리 토끼를 잡고 싶지만… 뛰어난 사람들과 다니고도 싶다. 한번 후회 없도록 도전이나 해보자.

2001.01.08.

아침에 미끄러운데 일찍 청소하러 왔다. 희애언니가 와 있어 같이 했다. 점심도 도시락 싸와서까지 아끼면서 열심히 하려는 모습이 좋다. 집에 오면 언니가 계속 얘기하는 바람에 공부는 제대로 못 하지만 그래도 집이 제일 편하고 천국 같다. 작은 천국…

2001.01.09.

희애언니가 슬럼프에 빠졌다고 재무관리가 어렵나보다. 눈까지 오고 해서 점심 먹고 처음으로 체크 못 하고 일찍 나섰다. 희애언니는 돈까지 잃어버리고…알게 모르게 힘들어하는 모습이 보인다. 집안 얘기를 하니까

아픈 기억을 꿈속에 두고
기쁜 기억은 빼꼼히 내다보는 달에 두고
애잔한 기억은 흐릿한 저 별에 두고

어머니는 기억을 그곳에 쌓아갑니다

같은 공간에
이 애미를 보살피다
죽어가는 내 추억의 아들아
먼저 그곳에 가서
이 애미의 옛기억과 같이 지내고 있으렴
이 애미도
곧 따라가마
그리고
그곳에서 오손도손 살자꾸나

허탈하기도 하지만 그래도 좋은 언니다.

2001.01.10.
승은이 만나러 종로에 가서 증명사진 찍고 영풍 가서 영어책 보고 부기 문제집 샀다. 공부 죽어라 해도 모자른데 시간만 죽이고 있으니 부모님, 언니에게 미안할 따름이다. 공무원 시험제도, 과목이 바뀐다고 하니 또 수능시험 볼 때처럼 그렇게 되지나 않을까 걱정이 된다.

2001.01.11.
공무원 시험 과목이 바뀐다고 승은이가 메일로 보내 줬다. 완전히 달달 외워야 하고 힘이 들겠지만 한 번 시작한 거 열심히 하자. 고생하시는 엄마를 위해, 공부 몇 년 투자해서 죽지 못할 바에 편히 살려면 내 운명을 순순히 받아들이고 열심히, 집중해서 하자.

2001.01.12.
고시실에서 공부하고 있는데 경희 언니가 와서 같이 컴퓨터 스캔하고 순두부 먹으면서 가을 동화도 보고 즐거웠다. 근데 은영이가 전화가 왔는데 자기가 생일이라고...깜박 잊고 있었다. 다급히 돈암동에서 만나 돈까스 먹고 선물로 모자 사줬다. 훈제씨하고는 약속 취소하고 경희언니랑

당신은 스치는 인연이였군요
오늘도 알게 되었어요

바람같은 사람아
이제는 내 생각에만 머무는 사람아
이제는 가주오

메마른 가지에 다가왔던 바람아
다시 한번만 다가와주오
그리고
그립다
그리웠다 말해주오
그러면
나는 갈 수 있을텐데
이 바람되어 따라갈텐데

오늘도 알게 되었어요
나는 당신을 그리워한다는걸

도 아쉽게 헤어졌다.

2001.01.13.
돈도 없고 내가 이제껏 결혼식에 가봤자 이득되는 건 없고 시간 낭비라고 생각하니까 현정언니 결혼식에 안 갔다. 국사 특강 들으러 영하 10도인 날씨인데도 국민대학교에 갔다. 어떤 모르는 남학생이 말 걸어와서 기분 나쁘지는 않았다. 내가 모르는 내용도 많고 어렵기도 하니 자신감이…

2001.01.14.
합격 아니면 난 죽는다. 뭐를 믿고 뭐를 먹고 구차하게 살 것인가? 사랑도 하고 싶고 놀고도 싶지만 참아야 한다. 그게 내 운명이다. 영미도 이젠 친구가 아닌 나 아닌 한 명의 경쟁자일 뿐이다. 라이벌… 2년정도 죽어라고 해도 못하는데 내 욕심이었다.

2001.01.15.
합격 아니면 죽음이다. 절제하고 속박되고 규정됨 속에는 무한한 자유에의 사상이 꿈틀댄다. 난 가련다. 처절한 영광의 그날을 향해. 희애 언니가 춥다고 안 나와 혼자 식당에서 밥 먹고 머리가 띵해 인터넷 좀 했다. 엄마가 일 그만두셨다고 페리카나

저 하늘에 별을 따서
저 흐르는 강물에
흩뿌리고 싶어라

이어이어
흐르는 강물은
어디서부터 시작되었나

어제의 흐릿한 기억으로
이어이어
오늘의 내가 있고
어릴 적 흐릿한 기억으로
이어이어
내 인생 속의 내가 있네

이어진 강물 따라
흩뿌려진 별빛 따라
이어진 인생길이여
그 끝은 어디메이뇨

시켜 먹었다.

2001.01.16.
이젠 더 이상 인터넷 하지 말자. 메일도 확인하지 말고 나중에 한꺼번에 하자. 영미도 나랑 만나서 얘기하고 웃고 싶다고 한다. 허리가 아파 제대로 공부 못했다. 건강 다음에 공부이고 성공이다. 몸도 생각하자. 희애언니가 공부가 잘 안되나 같이 CPA 준비하자고 한다. 내 길은 정해져 있는데…

2001.01.17.
종로에서 사진 찾고 나서는데 영미가 전화왔다. 국세청을 바라보면서 서로 거기서 일하면 좋겠다고… 같이 정보도 주고 받자고… 훈제씨 만나서 크리프리미트 영화 보고 밥 먹으면서 얘기했다. 더 이상 만나서는 안 되고 좋아해서도 안 된다. 모든 게 허무하다. 지금껏 공부한 것도…

2001.01.18.
성대 가서 원서 접수했다. 생각보다 지원하는 사람이 꽤 있었다. 성미가 우리 학교에 와서 공부했다. 내가 괜시리 작아보이는 게 싫었다. 비위 맞추고 싶지 않고 머리가 아파 컴퓨터실에서 가을동화 첨부터 봤다. 공부

6

밤에만 피는 하늘 꽃
너를 별이라 하네
아침 햇살에 지는 꽃
너를 별이라 하네

하늘꽃
별아
내 마음에 스르륵 지나가
내 마음에 빛을 드리워주라

밤하늘 별이
겨울 앙상한 나뭇가지 끝에
살포시 내려앉는다.

하늘꽃
내 두 손에 담아
얼어붙은 땅속에 담고 싶다

를 하면 머리가 아프다. 엄마, 아빠께 죄송하다.

2001.01.19.

성미랑 도시락 싸온 거 먹었다. 나이를 먹어서 공부하는 것도 창피하다. 더 늦기 전에 빨리 끝내자. 내가 자기네보다 뛰어나다는 걸 보여주자. 고시실 사람들끼리 회식했다. 내 자신을 사랑하고 내 뜻대로 눈치 보지 말고 공부하자. 내일이 시험이다라고 생각하고…

2001.01.20.

날씨가 많이 따뜻해졌다. 희선언니가 와서 편하고 좋다. 정수가 살이 많이 빠진 거 같다. 뛰어나고 싶다. 정수뿐만 아니라 내 주위에 있는 사람보다. 윤정이는 벤처기업에 취직됐다고… 분발하자. 누구보다 빨리 제자리 찾고 싶었는데 뒤처지고 있다. 조금만 참자. 은영이네 놀러가고 싶어도 나중을 위해…

2001.01.21.

집에서 늦게까지 자고 목욕탕 갔다와서 언니랑 영풍에 갔다. 독서대 사가지고 오면서 짱구 가서 가족들과 맛있게 먹었다. 언니와 가족과 함께 있으면 편하고 행복해진다. 기대에 어긋나지 않도록 열심히 하자. 나를

지금은 보이지 않은 꿈녀의 마음안에서 점점 자라

더 이상 누구도 무시 못한다.

2001.01.22.
영미가 핸드폰 없앤다고 했다가 한 달은 여유가 생겼다. 동생 제대하면 준다고… 오랜만에 만나서 너무 좋았다. 계속 얘기하다가 돈암동에서 오락도 하고 사발면도 먹었다. 같은 길을 걸을 줄 몰랐다고. 둘 다 열심히 해서 합격하자.

2001.01.23.
영미랑 성신 운정관에서 같이 공부하다가 편의점에서 사발면 먹고 오락실에서 곤봉으로 춤추는 게 임하며 재밌는 시간을 보냈다. 성미도 차 마시며 얘기 나눴다. 나와는 다른 세상을 살아도 그네들과 어울리며 지내고 싶다. 혼자서 모든 걸 한다고 생각하고 자신감을 갖자.

2001.01.24.
가족들이 정성스레 만든 만두를 오빠가 와서 같이 맛있게 먹고 이런저런 얘기 나눴다. 언니는 오빠가 잘난 체 한다면서 잘 들어주지 않았지만… 귤 던지기 놀이도 하면서 끝말잇기, 빈대떡 놀이… 행복했다. 경희언니가 우리 오래 함께 하자고 메시지 보내줬다.

엄마 손은 약손이요
** 배는 똥배요

엄마 손은 약손이요
** 마음은 아파요

혼잣말로 되뇌이는 동요
마음이 아파
내 손으로
나를 다독이며
부르는 동요

내 손은 약손이요
내 마음을 어루만져
잔한 물결 따라 흘러가길
잡을 수도 없는 시간 따라
새벽녘 새하얀 구름이
내 마음에 드리워지길

2001.01.25.

이젠 연휴가 끝났다. 가을동화 보고 만두 마지막으로 먹고 성신에 갔다. 영미 만났다. 같이 있다는 자체로 복이 많다고… 웃고 또 웃고… 지금이 가장 행복한 시간이 아닌가 싶다.
나중에 헤어지고 내가 멀리할 테지만 현실에 만족하면서 살자.

2001.01.26.

희애언니 때문에 열받았다. 못 산다고 무시하는 거 같고 농담한 것도 괜시리 화나고… 피곤하다. 경희언니가 그립고 보고 싶다. 공무원 시험 문제 풀어 봤는데 생각보다 어렵기도 하지만 그래도 열심히 하자. 이젠 내 할 일, 내 공부만 하고 무시하자. 마음 아파하지도 생각하기조차 하기 싫다.

2001.01.27.

희애언니가 영어책 같이 사러 가자고 해서 가면서 어제 열 받았던 얘기를 했더니 미안하다고… 언제나 이런 식이다. 참 모르는 언니다. 나도 잘 모르는데… 별로 집중을 못했다. 공무원 문제에 맞는 그런 수준의 것만 푸는 연습을 하자. 공부가 가장 쉬운 것이다.

8

꿈속 지하철
어긋나는 손길
잡으려 해도 잡히지 않는데
깨어보니
그곳은 맥락이 없는 곳
근데 명치가 싸하니 아파
마음이 계속 아팠나 봐

그곳
마음의 흔적이
여기까지 옮겨왔나 봐
깨어보니
그곳이 여전히 아프네

내 마음에
손을 대어보네
싸하니 아픈 그곳에

2001.01.28.
집에서 늦게까지 잤다. 계속 이런 식으로 가면 죽도 밥도 안 된다. 더 분발하자. 자꾸 희애언니가 꿈에 나타나는 이유는 뭘까? 미우면서도 정이 많이 들어서인가. 모르겠다. 내일부터 또 다른 일주일이 시작된다. 열심히 하자.

2001.01.29.
고시실에 있는 애가 사진을 찍어줬다. 기념으로 책상에 앉아있는 모습. 희애언니가 아픈지 아니면 화가 났는지 말도없이 가버렸다. 언니가 학원 면접 보러 갔다가 올 학교에 들려 좀 인터넷으로 가을동화 보다가 롯데리아서 리브샌드 먹고 노량진 공무원학원에 같이 가서 수강신청했다. 오늘 길에 권사님 빵 사드렸다.

2001.01.30.
효원이 만나서 같이 저녁 겸 식당에서 먹고 코코아 마시면서 얘기했다. 나랑은 생각이 다른 또 다른 사람.
마지막 정리해야겠다. 영미한테 인내는 쓰나 열매는 달다 메시지 영어로 남겨줬다. 서로 같은 길을 가면서도 그냥 다른 길을 갔으면 한다. 내 자신을 믿자. 믿고 공부하자.

9

낙엽 사이를 가로질러
너도나도 먹이를 찾아 나선다
삶을 위해
살기 위해

하늘에서 비는 내리고
하늘에서 별빛은 떨어져
삶을 생각한다

한순간도 가만히 있지 않고
나무도 흐르고
강물도 흐르고
나도 흐른다
위아래 사방으로 흐른다
하늘 땅으로

그 누구의 지시인가
나는 이 순간 여기에 있는 게
흐름 속 우연인가
흐름 속 너와 나는 서로의 배경인가

나는 너의 배경인데
나는 왜 나만 생각하는가

2001.01.31.

눈이 많이 와서 일찍 집에 갔다. 미끌미끌 희애 언니랑 우산 같이 쓰고… 성대 2학기때 같이 보자고. 언니랑 라면 먹고 과자 먹었다. 학원 면접 본 데는 떨어져서 심난해 했다. 좋하고 전화 오래 통화한다고 뭐라고 했더니 울면서 아빠 때문에 답답한 심정을 토로했다. 미안해서 또 안쓰러워 같이 울었다.

할 수 있다. 혼자인 거에 익숙해져야 한다. 떠났다고 허전해하지 말고… 찍어도 난 맞는다. 침착하게… 울 언니를 위해

2001.02.01.

부기 첫날 수업이었는데 부족함을 많이 느꼈다. 내가 모르는 부분만 중점적으로 내용을 익혀야겠다. 나를 믿고 내 자신을 믿자. 난 잘

2001.02.02.

성대 편입시험을 봤다. 고시실도 헤매고 문제도 어려워 제대로 푼 게 거의 없어 실망했다. 언니도 식구들도 모두 기분도 그렇고 그래서 은영이네 가서 떡볶이 먹고 군만두도 구워 먹었다. 면접도 긴장하고 횡설수설… 엉망이었다. 내 자신을 믿자. 내 실력을…

10

이름 한글자 한글자
생각이 나는데
보이지 않는 사람이여
보고 싶다
하루종일 햇살 가득한 창가에 앉아
너의 눈을 마주 보며
너의 눈에 비친 나 그리고 너
그대를 생각하며
햇살을 느끼고 싶다
그것이
나의 바람이요
꿈인데
나는 오늘도
차가운 바람아래
차가운 사람들과
차가운 일을 하며
내 죽음을 기다리며
나를 잊고 있네

2001.02.03.

오빠한테 놀러가서 삼겹살 먹고 사이렌, 상하이눈 봤다. 자는데 좀 불편했지만 오랜만에 비디오도 보고 재미있었다. 엄마 아빠랑 같이 먹었으면 했다. 도시락 먹고 있는데 언니가 불쑥 찾아와서 좀 놀랬지만… 언니랑 신호등 건너다가 차사고 날 뻔했다. 천만다행이었다.

2001.02.04.

벌써 봄이 성큼 다가왔다. 오빠가 탕수육 시켜줘서 군만두랑 맛있게 먹었다. 집에 와서 편히 좀 자다가 엄마야 누나야 보고 아빠가 부탁한 제안서 워드로 쳤다. 이젠 별로 기대도 안 하지만 아빠가 안 돼 보여 해 드렸다. 잘 되길 빈다.

2001.02.05.

새벽 6시반에 노량진 학원으로 갔는데 사람이 너무 많아 서서 들었다. 나도 그렇고 먹고 살겠다고 발버둥치는 모습. 돈 벌겠다고 수업하는 선생님. 참 우습기도 하고…

아빠가 프린트하고 오시다가 미끄러지셨나보다. 불쌍하신 울 아빠… 거절 당하는 것도 한두번이지… 나까지 냉냉하게 대하니 죄송스럽다.

11

바람이 불기 전
바람은 없네

여기 우뚝 서 있는 나무 이전에
나무는 없네

나 이전에 여기는 있었던가
나 이전에 시간은 돌아갔던가

나의 세상 시간과 공간은
나와 함께 있고
나와 함께 없다

태어나
나의 세상으로
들어와

너를 만나
너의 세상으로
들어가
잠시 머물다
다시
나의 세상으로

2001.02.06.

아침에 식구들한테 반찬 타박했다. 잘난 것도 없으면서 왜 이러는지… 오늘도 서서 들었다. 더 일찍 일어나야겠다. 자신을 가지고 살자. 왜 갈수록 내면으로 빠져드는가? 식구들을 생각하자. 내 생각하기 나름이다. 나보다 못한 이들을 생각하자. 기쁘고 긍정적이고 감사하는 생활…

2001.02.07.

처음으로 새벽 강의를 앉아서 들었다. 참 유용한 거 같다. 원서 접수하러 행정자치부 광화문 가서 받아왔다. 집까지 걸어오는데 국세청을 봤다. 매번 보는 것이지만 참 크게 느껴졌다. 라면 먹고 피곤해서 잤다. 고시실도 안가고… 영미한테 내 더위 사가라고 남겼다. 까짓것 산다고 시원하게 보내라고… 아빠 워드 쳐드렸다.

2001.02.08.

감기가 걸려 새벽 특강에 못갔다. 성신장학금 오십만원 받는다. 기뻐하는 식구들을 보니 나 또한 기쁘다. 희애언니가 생일 선물로 공무원 문제집 사줬다. 고맙다. 영어 땜에 자신없는 모습을 보니 안쓰럽기도 하고… 내가 잘 돼서 모두를 도와주고 싶다.

돌아가

결국은 나의 세상은
평하니 사라지네

나 이전에
세상도
나도 없다

일찍 가서 좀 쉬어야겠다.

2001.02.09.
성대 떨어졌다. 기대는 안 했는데 실망이다. 영미가 울 학교에 왔다. 곧바로 갔지만… 참 공무원도 어렵다는 생각이 들고 똑같은 일이 반복된다. 어렵다. 승은이가 위로 메일을 보내줬다. 고마운 친구… 실망말고 끝까지 도전해보자. 자격증 없다고 기죽지말고… 내 마음 먹기 달려있다. 열심히 그리고 즐겁게 해보자.

2001.02.10.
감기 땜에 해롱해롱 부기 수업 들고 오

빠 생일 땜에 영미랑 같이 공부하기로 한 약속 깨고 집에 갔는데 오빤 가버렸다. 밥 먹고 머리도 식힐 겸 티비 계속 봤다. 감기는 더 심해져 언니가 물수건에 간호해주었다. 친구 생일이라고 연선 언니 남자친구가 나온 모양인데 정씨하고 많이 닮았다고… 평범한 삶을 살기를 바란다.

2001.02.11.
감기땜에 계속 집에서 쉬다가 언니랑 목욕탕에 갔다. 낯이 익는 친구도 보고 과외 했던 혜정이 엄마도 만났다. 아이들을 보면 언닌 '너

12

별빛을 이어받은
파란 새벽 기운이
까만 하늘을 가로질러
붉은 빛을 품은 강물에 쏟아지네

어디로 흘러가는가
끊임없이 밀려드는
강물따라 빛따라
생각이 같이 흐른다
되돌아 갈 수 없는 생각
떠밀려 드는 생각
여기에 풀어놓네

강물은 바다로
생각은 허공의 바다 우주로
흘러흘러
흩어지다
다시 만나네
내가 없는
영혼 대 영혼으로

네도 살아봐라. 그때가 좋지.' 우스갯소리를 하는
걸 보니 정말 그런 거 같다. 참 나이가 들수록   선,
힘든 거 같다.   노력,

                                                 감사…

2001.02.12.

지혜에게 쌍꺼풀 수술했다고 메일 왔
다. 누구든 이뻐지려는 이유는 뭘   **2001.02.13.**
까? 화선언니에게 도서상품권, 메
시지 적은 편지 생일선물로 줬   어느것도 생각
다. 감기가 걸려서 입맛도 별   하지 말자. 친구 졸
로 없고.   업식 땜에 흔들리지
최선을 다하자. 가르치   도 말고 다른 자격증 때
시는 강사, 선생님을   문에 흔들리지 말자. 고민
존경하자. 영어…   하지도 아파하지도 말자. 돈
거만하지 말고 해   을 위해 살고 건강을 위해. 난
석 전문이 된   나대로 살자. 꿈, 환상은 없어도
다고 문제가   불쌍한 이들을 위해 조금이나마 도
풀리는 건   와주는 거에 의의를 두고 열심히 하
아니니   자. 다른 데서 돈을 벌고 좋은데 쓰자.
까…   그리고 식구들을 위해.
  최

      2001.02.14.

      아빠가 일찍 일어나셔서 떡국 끓여주셔서 아침

처음은 보이지 않은 꿈너의 마음안에서 점점 자라

특강에 든든하게 갔다. 세법에 비중을 두고 열심히 해야겠다. 언니가 아는 언니 소개로 취직이 됐다. 좋기도 하지만 정들고 편하게 일했던 곳에서 새로운 곳으로 간다니 안 됐기도 하고. 은영이랑 영미 졸업식에 가려고 했는데 안 되고 지혜도 그렇고 모르겠다. 시간 낭비하지 말자. 자신을 가지자.

2001.02.15.
신승훈 운명이라는 가사가 맘에 이제야 와닿는다. 이게 내 운명이려니 생각하는 거…
꿈에 류시원이 나왔다. 나도 평범하게 사랑하고 결혼하고 싶다. 그치만…
눈이 30여 년 만에 폭설이 내려 집에 일찍 왔다. 희애 언니가 자기 무시하는 거 같다고. 내가 조안 언니를 신격화한다고… 절대 아닌데. 정말로 아끼고 좋아하는 사람한테만 문자메세지 남발한다고 남겼다.

2001.02.16.
나중에 훌륭한 사람이 돼서 이 일기 쓴 거를 책으로 내 돈을 번다는 생각을 해봤다. 나중에 돈을 많이 벌 것이다. 학원에서 저녁까지 있었다. 고시실에 안 들르고 집에 와서 라면 끓여 아빠랑 같이 먹었다. 회사소개서 파일을 뚫어져라 쳐다보며 받아적

13

너의 눈에 비친 내 모습은 별
너의 눈은 우주

빛이 다가와
너와 나는
서로를 담을 수 있네

서로서로
너와 나는
우주와 별이 되네

으시는 모습에 마음이 찡하다. 언니가 아르바이트 그만둔다고 보증보험에서 아쉬워 밥 사줬나 보다.

2001.02.17.

기다려지는 문자 메시지도 없고 마음이 허하고 외롭다. 이런 기분이 드는 건 누구 때문인가? 언니가 회사에 나가고 사람들에 둘러싸인 채 생활하는 모습이 부러워서? 잊어버리고 새로운 맘으로 다시 시작하자.

2001.02.18.

종로에 세법 청강하러 갔다. 강사가 별로 성의없이 가르치는 거 같 아 다른 데를 알아보러 갔는데 지금껏 교재로 공부했던 저자가 가르치는 곳을 발견했다. 배우는 기쁨이 이런 거구나.

아빠 워드 쳐 드리고 집에서 푹 쉬었다. 영미한테 전화 걸어 졸업식 때 만나자고 했다. 가는 것이 운명인 거 같다.

2001.02.19.

짧은 기간에 집중있게 하면 합격할 수 있다. 국사, 부기, 세법만 만점 받으면 된다. 전략 과목으로 삼자. 3개월동안..죽어라고 하자. 절박하게. 이거 아니면 안 된다는 목표로. 자신감을 갖자. 85분동안 100문제라 각 과

14

뿌연 안개 속에 갇힌 달빛이여
나는 누구인가요

밤에는 달을 따라
낮에는 해를 따라
바다로 향해 가는 강물은
오늘도 등떠밀리듯 가고 있네요
누구의 부름인가요
도대체 어디로 가나요

어제의 나
오늘의 나
그 시간 사이
달빛은 햇빛으로 바뀌는 사이
파편이 하늘로 떨어진다

어제의 나
오늘의 나
그 시간 사이
또 다른 내가 되어 간다

목마다 15분씩 배정, 1문제를 45초동안 풀어야 한다. 급박하다. 하지만 자신감을 갖자.

2001.02.20.

영미 졸업식이래서 언니가 아르바이트 마지막이라고 받아온 꽃을 아빠가 다 듬어줘서 들고 등록금 내고 영미친구랑 같이 올라갔다. 학사모 쓰고 사진 찍는 거 보고 나도 저 날이 올까 내심 걱정도 되고 그냥 울적했다. 나는 평범하게 즐기면서 살고 싶다. 운명인가? 언니가 어린 경리하는 애랑 오래 수다 떠는 거 보니 그냥 부럽기도 하고 이해하자. 내가 이기적인거다. 도시가스 들어온다고 실컷 뜨뜻한 물 썼다.

2001.02.21.

새벽 국사 특강 들으러 일찍 일어났다. 시험도 별로 안 남았는데 별로 해 놓은 건 없다. 내일 졸업식이라고 사진 찍고… 나중을 생각하자. 그리고 더 이기적이 되자. 식구들… 더 초조하게 긴장을 가지고 하자. 난 나대로 산다.

비가 주룩주룩 왔다. 내 마음에도… 성신졸업식… 경희언니가 문자 하나 없다고 너무 한다고 메시지 남겼다. 정말로 누구보다 축하해주고 싶었는데 내 자신에 대해 많이 수그러들고 있

15

하늘의 별아
너는 무엇을 바라며
거기서 그렇게 반짝이는가
그 누구에게 잘 보이려
그렇게 반짝이는가

너 자체로
별이거늘
무엇을 노력하려는가
너의 존재 자체가
별이거늘
무엇을 바라는가

어둑한 밤하늘 속
애써 반짝거리는 모습이
애처롭다

하늘의 별아
나 너를 보아
안 보여도 보아
그냥 그대로 있어

나보다. 이런 마음은 누구도 모른다. 계속 고시실에 앉아 있었다. 나중에 생각해보니까 내가 너무했다는 생각이 든다. 나도 나를 모른다.

2001.02.23.
가족들과 페리카나 시켜먹고 언니가 돈 좀 더 받는데 취직해서 너무 좋다. 가지지 못한 상태에서 조금만 더 가지면 그것만큼 행복한 게 없다. 뭐든 다 가진 거 같다. 도시가스 들어왔다. 언니는 첫월급을 받고 행복했다. 공무원이 내 최종 목표는 아니다. 공인회계사, 감사원? 내 가치를 더 높이자.

2001.02.24.
언니 졸업식이다. 진눈깨비가 와서 길은 질퍽질퍽, 사람들 때문에 북적북적, 노랑 장미 사들고 가족과 사진 정신없이 찍었다. 중국집 가서 짬뽕, 탕수육 먹고 오빠가 언니한테 졸업이라고 십만원권 수표 줬다. 학사모 쓰고 있는 모습이 으젓해 보였다.

희애언니 시험 잘 보라고 초콜렛 샀는데 자리에 없다.

2001.02.25.
모의고사 치러 학원에 갔다. 시간이 모자라 두 과

16

하늘 빛과 어울리다
이내
하얀 눈이 되어
이제는 바람과 어울리네

이리 나풀
저리 나풀
소리없이 노니네

이내
땅으로 떨어져
다시금
하늘로 돌아가는
너는 나와 같구나
한낮의 꿈

목을 치르지 못했다. 문제가 어려운 게 아니라 시간과 순발력이 문제다. 시간이 다가올수록 조급해지지 않도록 실전 연습을 많이 해야겠다. 경희언니가 걱정된다고 전화 했었나보다. 졸업식 못 간 게 미안하고 많이 후회가 될 뿐이다. 이제는 나대로 산다. 이번이 마지막 기회다. 최선을 다하자.

2001.02.26.

경희언니가 진심으로 걱정해주는거 같아 맘이 아프다. 영어 강의 마지막으로 듣고 지하철 타고 오는데 참 엉뚱한 사람을 많이 보았다. 그네들은 그렇게 되는 걸 몰랐을 텐데… 긴장감 있게 단기간에 끝내 버리자. 효율적이게…

경희언니한테 괜찮다고 음성메시지, 메일 보냈다. 개강이 다가올수록 그냥 부담스럽다.

2001.02.27.

아침에는 봄날씨처럼 맑더니 비가 온다. 승은이 만나서 속 깊은 얘기까지 털어놓고 늦게까지 얘기하니까 좋다. 마음 깊이 사귈 수 있는 친구지만 내가 잘 되면 그네들은 떠나간다. 내가 그러듯이… 아침에 언니한테 몸이 안 좋다고 얘기했다. 손이 떨린다고. 이러는 내 자신이 싫다. 오락(곤봉)하고 떡볶이 먹고 놀았다.

★ 17

후훅
한숨 쉬면
바람결에
휘이휘이
기억이 날아가네

바람따라 시간따라 흘러흘러
보고싶은 기억이 저 나무에 걸렸나
그 길을 걷다보면
옛노래 따라
다시 돌아오네

하나하나
한그루한그루
눈길 보내니
수많은 시간 속에
스쳐 지나가는 바람결에
다시 돌아와
그 길 따라
함께 걷네

오랜만에.

2001.02.28.
누구의 기다림도 이젠 소용없다. 공무원이 최종 목표는 아니지만 차근차근 내 힘으로 끝까지 가보자. 누구의 위로도 격려도 필요없다. 내가 나를 만드는거다. 혼자 자학하지도 말자. 이것도 운명이고… 80일 남았다. 후회없이 효율적이게 하자. 시간을 보지 말고.
언니가 기세등등 할 수 있었으면 한다.

2001.03.01.
국사 보강 마지막으로 들었다. 프린트가 없어 빌려 준 사람한테 음료수 사줬다. 누군가에게 받은 게 있으면 다시 고마움의 표시는 한다. 희애언니가 배고프다고 해서 그냥 집에 나서는데 언니가 와서 옷 구경하고 오뎅 먹고 오락실에 들려 가상 청룡열차도 탔다. 공부는 내 의지에 달린 것이다. 언니가 회사에 다니니까 부자가 된 기분이다.

2001.03.02.
개강이다. 관리회계 이석영 교수님… 우리 학교에서 가장 유일하게 존경스런 교수님이다. 미

18

하얀 눈송이
하늘 사잇길 따라
송이송이 내려와
나뭇가지 사이사이
사뿐히 내려앉네

눈송이 하나하나
그냥 너를 눈이라 불러도 되니
하늘 이야기를 들려주러 여기에 왔구나
송이송이 다른 사연을 담아
머리 위에 살포시 내려왔네

시간이 쌓여쌓여
새하얀 눈송이 머리는
하얀 눈송이 따라
함께 별이 되어가네

하얀 겨울세상
하얀 눈송이
하얀 별
그리고 늙어가는 나
점점 닮아가네

국 갔다오셔서 그런가 더 영어를 유창하게 하시는 게 좋아보인다. 늙어서까지 세미나 다니시고 연구하시는 교수님이 좋아 보이신다고. 나도 그런 사람이 되고 싶다. 공부는 날 배신하지 않는다. 언제까지나 내 친구다.

2001.03.03.

고시실 쫓겨났다. 공인회계사 준비하는 학생들이 많다고… 눈바람은 치는데 짐 바리바리 싸들고 종로 공무원 세법 들으러 갔다. 오기가 생겨 공부하다 가려고 하는데 자습실도 없고. 공부를 하겠다는데 참 환경이 안 따라준다. 아빠가 사진 찾아 와 재밌게 봤다.

2001.03.04.

언니가 있어 학교에 가기 싫었는데 전화를 계속 하니까 할 일도 없고 해서 눈보라를 뚫고 성신에 갔다. 자꾸 몸이 안 좋고 내가 왜 이러는지 몰라 눈물이 나왔다. 내 자신을 몰랐던 옛날이 좋았다. 식구들이 나온 졸업사진을 보니 아빠, 엄마가 많이 늙으신 거 같아 맘이 아프다.

2001.03.05.

낮에 헌법 강의 들으러 갔는데 애들도 많고 별로 익숙치 않아 어색하게 나와 희애언니랑 점심

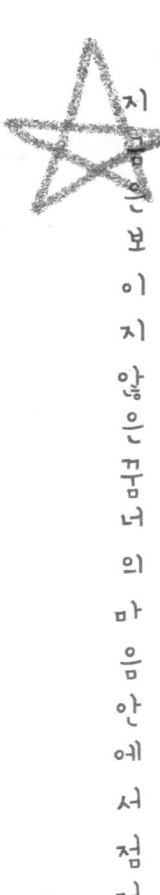
지금은 보이지 않는 꿈너의 마음안에서 점점 자라

먹었다. 나도 얼굴도 늙고 많이 나이 먹었다는 느낌이 든다. 조안언니가 있어 공부는 안 돼도 조급하게 생각지 말자. 언니한테 돈 달라고 하기도 미안하고… 그래도 허물없는 동생이 되라고 하는 말… 아빠 사업 그만 두셨으면 하지만 그것마저 그만두시면 기가 없어지실 거 같다.

2001.03.06.
거의 하루종일 강의 청강하러 다녔다. 공무원시험도 얼마 안 남았는데 조안언니랑 시간 낭비하면서… 그래도 마음 편한 언니랑 다니니까 좋다. 본받을 점이 많은 언니다.
유학, 이민 가는 사람들이 많은데, 나도 가고 싶지만 한 우물만 파자. 우선 내가 선택한 길, 끝까지 최선을 다하자.

2001.03.07.
엄마가 당신도 돈이 없으신데도 천원짜리 있다면서 언니한테 돈을 타서 밥값하라고 주셨다. 눈물이 핑 돌아 버스 타고 오는데 눈물이 나왔다. 내가 잘 돼야 사람이 모이고 행복해진다.
프린트 필요하다고 얘기하니까 언니가 스트레스 받았나 신경질을 냈다. 나도 그냥 울적하다. 중간인 내 자신이 싫고 눈물이 계속 나왔다. 아빠가 불쌍하기도 하고…

19

저 붉은 햇살
강 넘어
하늘 속으로 뭉개지네

하루가 저물어가는 모습
이 세상 아련한 기억의 모습
주황빛으로 바래지네

흘러가는 구름처럼
스쳐가는 바람처럼
여기 있는 듯 없는 듯
잠시 머물다
하늘 속으로 들어가네
하늘의 아지랑이처럼

나 또한 그러한가

2001.03.08.

상법 총론 책을 샀다. 죽지 못할 바에는 열심히 노력해서 살자. 은행 통장 다 해지했다. 97학번 언니 여행계까지. 고등학교 동창 유경이라는 애를 어제도 보고 오늘도 봤다. 희애언니랑 부딪치기 싫다. 더 이상. 혼자 공부하고도 싶고 교수님 강의 듣고 공부하는 게 마음이 편하다.

2001.03.09.

아침 일찍 종로에 새벽특강 들으러 갔다. 계속 다녀야 하는데…세법을 들으면 들을수록 모르겠다. 혼자서 터득하고 시간과 노력이 해결해준다. 혼자 쌍둥이네 에서 김밥 시켜서 먹었다. 항상 당당하게 생활하자. 제주도에서 정말 좋아하는 사람과 여행하고 싶다. 그런 여유있는 시간이 언제 올까?

2001.03.10.

아침 일찍 나서서 강의 듣고 자습실에서 공부 좀 하다가 지하철 안 김밥집에서 점심 때웠다. 공무원이 된다면 과연 잘 할 수 있을까? 점점 내면으로 빠져드는 게 싫다. 그래도 한 우물을 계속 파면 결국은 되겠지. 공인회계사로 대접받고 사는 게 내 꿈이다. 그렇게 생각하자.

20

내 안의 혼잣말 하는 어린 아이야
내가 너를 지켜줄게

세상에 부딪치며 싸우는 건
나에게 맡기고
너는 너의 길을 묵묵히 가렴

내가 너에게 자유를 줄테니
훨훨 날아
바람이 되기도
별이 되기도
나무도 되기로 하렴

굳이 세상에 나오려고
발버둥치지도 말고
순수한 모습 그대로 간직한 채
저 하늘의 별이 되렴

그러면
언젠가
그 누군가
먼 하늘의 별을 바라보며
너를 생각할 테니

2001.03.11.

언니, 엄마랑 새벽에 목욕탕에 갔다와서 계속 잤다. 남대문시장에 렌즈 사러 갔다가 호떡 먹고 농심가에 들려 이것저것 라면, 팽이버섯 사고 과자 먹으면서 왔다. 엄마 아빠 때문에 빨래도 맘껏 못하는게 안쓰럽기도 하다. 언니가 편히 친구 만나고 행복해 한다면 난 그걸로 족하다.

월 동안 일 시 정지시켰다. 유진이라는 후배 고시원에 점심 먹으러 놀러 갔다. 한 우물만 파자.

2001.03.12.

희애언니한테 문자메시지 보내는데 누가 툭치고 가는 바람에 핸드폰이 땅에 떨어져 박살이 났다. 정지시키려고 했는데 필연으로 여겨 9개

2001.03.13.

아침부터 수업이 있었다. 안으로 빠져들지 말고 표출하자. 승은이가 나같이 노력하는 이가 잘못된다면 세상을 비관할 거라고… 눈물이 핑 돌았다. 언니가 행복했으면 좋겠다. 한 시간을 하더라도 집중있게 해야겠다. 엄마 월급날이라 페리카나 시켜먹었다.

21

아직 새벽이 오지 않아
이리도 하늘은 까맣고
아직 바람이 불지 않아
이리도 하늘은 뿌옇네

나 여기에 숨을 쉬고
나 여기 하늘 아래 있다고
소리없이 외치다가
저 하늘의 별이 되어
이 세상을 넋놓고 바라보네

희미한 별빛
한 생명 한 생명
마음 속으로 쏘오옥 들어가
별빛따라
움직이기를

저 하늘의 별은
오늘도 힘겹게
내려다보네

2001.03.14.

승은이한테 멜 보냈던 똑같은 내용을 영미한테 보내려고 했는데 승은이한테 또 보내져 민망스러웠다. 지금 내가 공부할 수 있다는 그 자체로 감사하고 열심히 하자. 단기간에 끝낼 수 있는 방법은 우선 국사, 부기, 세법을 만점을 받는 것이니 노력하자. 취약 과목 세법은 전략 과목으로 바꾸자. 그 누구도 대신해줄 수 없다. 이미 벌어진 일은 모두 내 운명이다.

2001.03.15.

핸드폰이 없으니까 편하다. 누구 터치없이 계속 조용한 곳에서 공부만 하고 싶다. 생각하고 외우고 공부도 어떻게 보면 재미있는 거 같다. 뭐든지 하기 나름이다. 언니가 어제는 스트레스 받았나 그냥 잤다. 내 운명을 받아들이니까 편하다.

2001.03.16.

공인회계사도 열심히 학원 다니고 2년만 투자하면 합격할 수 있을 것도 같다. 실컷 학원에서 배우고 싶고 조용한 곳에서 공부하고 싶다. 혼자서 김밥 먹고 커피 마시고 여유를 가지고 생활하니 좋다. 정독 가서 수기 보면서 과목 체크했다. 언니 회사에서 오픈 기념식 한다고

22

벚꽃이 하늘하늘 날리네
　　　　가볍다
잎새가 바람에 허이허이 날리네
　　　　가볍다
지구가 돌아돌아 굴러가네
　　　　가볍다
이 세상 모든 존재는
시간의 흐름 앞에
　　　　가볍다

　　　　가벼워
　　　바람 결에
　　하늘 별이 되어
　　　너를 바라봐
　　　　가벼워
　　　　꽃잎 되어
너의 어깨에 살포시 내려앉아
　　너의 곁으로 돌아와

맛있는 거 싸왔다.

2001.03.17.
모두 사는 게 괴롭고 힘든가보다. 나만이 아니다. 우리 가족뿐만 아니라 경희언니도 은영이도 학원의 우영이라는 언니도...모두..누군가를 사귀고 말고 좋아하기보다 책을 사귀고 거기서 기쁨을 얻자. 그 무엇의 즐거움보다 크다. 달리는 차 앞에서 피하고 싶지 않다고...경희 언니 그 말에 마음이 아프다.

송혜교 사진 화면보호기에 저장했다. 언니가 직장 때문에 많이 힘든가보다. 물질적으로도 정신적으로도 도와주지 못해 미안하다. 오직 공부만 할 뿐이다.

2001.03.18.
집에서 언니와 떡볶이 해먹고 옷 정리했다. 컴퓨터에

2001.03.19.
보고싶은 맘이 생기는 이유는 무엇일까? 못 됐고 성질도 별론데...늦잠잤다.

경희언니가 불쌍하다. 열심히 해서 든든한 빽이 돼 주고싶다. 언니가 맘 아파하고 우울해하니까 나도 기분이 안 좋다.

23

바람은
여기에 머무르지 않아
무심한 채 스쳐지나가지

너와의 작은 기억
지금 이 시간에 뒤섞일까봐
무덤덤히 스쳐지나가지

바람은
여기에 머무르지 않아
마음 깊이 담아
저 바다에 가서 쏟아내지

먼훗날
바람과 바다는
함께 어울리며
세상을 이루어가지

2001.03.20.

학교는 졸업해야 하는데 모르겠다. 할 것은 많고 학교에서 배우는 건 별로 없다. 근데…희애 언니 음식점에서 우연히 만났다.
"내 맘 알지? 라고 멜을 여러번 보냈나보다. 영린이가 공부에 대해 물어봐 공부를 별로 못했다. 이석영 교수님 멋진 분이시다.

준히 하면 한과목한 과목 정복 하겠지. 영미 한테 끝까지 열심히 하자고 멜 남겼다.

2001.03.21.

반가운 메일이 왔다. 정말 미운정이 들었나보다. 읽고 또 읽고… 시끄러운 곳에서 집중있게 하기만 하면 된다. 할 것은 많은데 뭐부터 해야할지 모르겠다.
꾸

2001.03.22.

눈에서 멀어지면 마음에서도 멀어진다는데 어딘선가 부딪칠거 같다. 중급회계 하면 할수록 어렵지만 재미있는 것도 같다. 승은이가 우울하다는 메일이 왔다. 나 또한 그리 행복한 건 아니다. 세법, 부기… 끝까지 열심히 하자. 아빠가 된장을 쌈장으로 잘못 사왔다는 말에 웃었지만 불쌍하신 울 아빠…

24

새하얀 모련 컵에
투명한 햇살을 담는다

하늘빛 하늘에서
줄줄이 내려온 햇살

몽긋몽긋 꽃봉오리 활짝
함박웃음 지으며 맞아주네

2001.03.23.
아침 국사 특강 듣고 몸이 안 좋아 집에 와서 한숨 잤다. 아빠랑 라면 먹고 세법 들으러 갔다. 우영언니랑 얘기하고...디아한테 전화 걸어 테이프에 대해 물어봤다. 나 보고 싶다고... 기분이 좋았다.

2001.03.24.
우영언니랑 세법 같이 듣고 빵 사다가 줬다. 언니랑 명동가서 가방 구경하고 즉석떡볶이 먹었다. 집에 와서 양념 통닭 시켜서 엄마, 아빠 실컷 드시게 했다. 인터넷으로 정재준국사 신청했다. 지혜를 우연히 종로에서 만났다.

2001.03.25.
언니랑 찌개면 사다가 김치찌개 해먹고 목욕탕 갔다 와서 잤다. 운동 부족인가 어깨가 아파 언니가 안마해줬다. 어제 영미한테 전화 걸어 오랜만에 통화하고... 그 친구가 잘 되길 빌 수 있는 그런 친구가 되고 싶다.

2001.03.26.
어깨가 결려 늦잠 자고 공과금, 강의테이프 송금하러 은행 들렸다 학교에 갔다. 우유 마시면서 우영언니, 승은이한테 메일 남기고 좋아하는 매운탕 먹었다. 공무원 되는 게 최종 목표는 아니지만 내 꿈을 향한 기초가 되

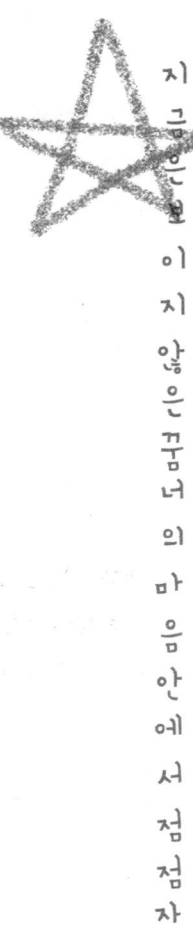
지금 안겨 이지 않은 꿈녀의 마음 안에서 점점 자라

니까...사회봉사활동도 하고 싶지만...
같은 층에서 공부한다는 자체로 우연히 만나면
더 좋은 사람은...

2001.03.27.
아침 일찍 프린트해서 이석영 교수님
수업 들었다. 사교성 없는 교수님을
존경한다. 오직 연구에만 몰두하
시는…
강의테이프(국사)가 택배로
왔다. 영어 GMP, 빅빅월드
라도 조금씩 리듬을 잃
지 말자. 첨으로 운정
관 2층 전산실습실
도서관에서 인터
넷 했다. 희애
언니한테 멜
남겼다.

2001.03.28.
너무 짧은 메시지에 실망. 국사 강의 테이프로 들었다. 재밌고 공부도 술술...잊자. 모든 걸...줘봤자 돌아오는 건 아쉬움뿐이다. 공부는 배신을 안 한다. 학교공부? 그래도 끝까지 해보자.

2001.03.29.
내 마음이 많이 약해진 거 같다. 나 하기 나름이다. 강인해지자. 꼭 누군가하고 약속 있을 때만 연락하고 찾아온다. 하긴 그거라도 좋다. 메일 확인하고 그럴 시간조차 허락하지 말자. 꼭 합격해서 성공하자. 그리고 내 마음

25

솔솔 불어 내게 오는 바람아
　　　나도여
　　나와 함께
　　내 마음 함께
　내 님에게 가려무나

　　솔솔 바람불어
　　　내 마음 가득
　향긋한 꽃향기 실어
　내 님에게 닿고 싶구나

　　　　바람불어
　　　함께 춤을 추고
　　　　바람불어
　　　　향기 가득
　내 님 곁에 머물고 싶구나

컨트롤 잘 하자. 오늘 눈보라가 쳤다. 마지막 눈인 거 같다.

2001.03.30.

수업이 없었는데도 학교에 갔다. 점심,저녁 혼자서 먹고...국사 테이프 듣는데 재미있다. 밤새워 공부하는 것도 좋은 거 같다. 막바지까지 열심히 하자. 영미한테 전화해서 통화했다. 희애언니도 나이 어린 동생하고 다니기 싫어하는 거...이제사 이해가 간다. 난 유혹도 별로 안 느끼니까 그냥 열심히 하자.

2001.03.31.

아침에 정재준 국사 테이프 듣고 은행에 가서 헌법 강의 테잎 송금하고 마지막 세법 들으러 갔다. 우영언니랑 명동에 가서 공무원 교재 보고 노량진에 허홍석 강사 노트 보러 갔다. 성신에 가서 수위 아저씨가 문 열어 주어 중급 회계책을 사물함에서 꺼내왔다.

2001.04.01.

아침에 정민웅씨 중급회계 청강하러 갔다. 생각보다 어렵고 그렇게 설명을 잘하는 것도 아니였다.

경희언니가 꿈에 보였다. 꼭 누군가를 끼고 만나

26

별의 길
나의 길

같은 듯
다른 듯

별은 하늘에
나는 내 마음에
길을 새긴다
하루하루

별 한걸음
나 한걸음
어디로 향하는지
결국 그곳은 우리가 만나는 곳

는 그런 게 싫다. 이해를 하면서도…
모든걸 잊고 열심히 하자. 긴장감을 가지고…

2001.04.02.
집에서 국사 들으면서 자고 늦게 학교에 가는데 우연히 희애언니 만났다. 나 찾아왔다고 음료수 사줘서 마시면서 얘기했다. 삶의 의욕을 잃었다고. 영미가 같이 공부하면 얘기하고 싶어 그냥 따로 하자고 메일이 왔다. 경쟁상대로 삼고 싶지 않지만 그렇게 생각해도 나한테는 좋다. 친구라고 멜 남겼다. 친구로 다음 세상에 태어나자고 하니까...학교에서 혼자 식당 밥 먹고 수업 연달아 들었다. 이석영 교수님을 존경한다. 그처럼 살고 싶다.

인간관계는 빵점이지만 나름대로 공부에서 즐거움을 얻고 계시는 교수님…

2001.04.03.
경희언니가 가르치는 거 그만뒀다고, 원시인 (핸드폰 없어)

2001.04.04.
헌법 테이프 택배로 왔다. 정수네가 잘 산다고 부자라고 부러워하는 울 엄마...난 가진 것도 없고 나뭇가지 끝자락을 붙잡고 있다. 혼자 다니면서 밥 먹고 공부하기가 외롭고 힘이

27

하루종일
땅 위에 모이를 쪼아대다
바람을 타고
파란 하늘을 가르는
새여
너는 언제 느끼는가
너의 존재함을

어디선가
바람이 불어와
내 마음이 출렁일 때
나는 내가 존재함을 느낀다

바람따라
움직거리는 마음
인연의 그리움
아련한 아픔
출렁출렁 일렁거림에
나는 여기 존재함을 느낀다

들지만 기운을 내자. 최선의 노력으로 최대 효과를 거두자.

2001.04.05.

아침에 언니가 아빠 워드 대신 쳐드렸다. 학교에 가서 부기 좀 공부하다가 배고파 집에 왔는데 언니는 친구 만나러 나갔나 없었다. 아빠랑 사온 빵 먹고 공무원에 대해 얘기했다. 엄마가 공장에서 정장을 가지고 오니 언니가 부자가 된 거 같다고...

2001.04.06.

이그잼에서 헌법 서브 노트 구입하고 희애언니 만나 to heaven에서 밥 먹었다. 희애언니는 만화책 보고 경희언니의 치부를 얘기했는데 허탈했다. 메일 남겼다. 나한테는 정말 소중한 언니라고...함부로 말하지 말라고...이젠 그 누구에게도 맘 열지 않을꺼다.

2001.04.07.

날씨는 너무 좋고 공부는 잘 안 돼서 음향도서관에서 안나카타리나 영화 보다가 조안언니 만나 짱구네에서 밥 먹고 구경하고 다녔다. 우연히 희애언니 만나 얘기했다. 미안하다고...어제 그것 때문에 걸려서 공부가 안 됐다고...나도 맘이 아프다. 누군가에

28

시는 흐름이다
붙잡을 수 없는 마음의 흐름

바람
구름
별
인연
그리고
시

마음따라
흐른다

붙잡고 싶은 애달픈 흔적
시는 그렇게 있다

게도 기분 나쁘게 하고 싶지 않다.

2001.04.08.
목욕탕에 갔다 와서 한잠 자고 언니랑 걸어서 정독도서관에 갔다. 날씨는 봄날씨...넘 좋았다. 즉석떡볶이 먹고...아이스크림 먹으면서 벤치에 앉아 책 봤다. 친구들과의 인연을 끊고 공부만 하자.

2001.04.09.
늦게까지 잤다. 남보다 늦게 자고 일찍 일언도 붙을까 말까한데...해이해졌다. 영미, 정수 모두 이기고 싶다. 조안언니랑 웃으며 서 걸어 오는데 희애언니 만났다. 외롭게 걸어가는 모습에 맘이 아프다. 완연한 봄이다. 할 것도 많고 어느 거에 비중을 두고 공부해야 하는가?

2001.04.10.
할 공부는 많고 시간은 없고...혼자서는 잘하는데 왜 이러는지 모르겠다. 자신감을 가지고 열심히 해보자. 누구를 만나기조차 싫다. 집에 오면 그냥 편하고 좋다. 작은 나의 천국...조바심을 너무 가지는 것도 좋지 않다. 두 개의 공부...병행하기가 힘이 든다.

29

맑같게 온다
저 멀리서 서서히 비춰온다

너는 그렇게 멀리 있어
나는 그제야 볼 수 있어

오늘도 어김없이
잿빛 하늘
회색 먹구름 몰아내고
주황빛 말간 해가 떠오르네
하늘로
내 마음 위로

너는 멀리 있어
나는 그제야 바라봐

2001.04.11.

하루종일 집에 있었다. 국사 테이프 끝까지 들었다. 뿌듯하다. 아빠랑 김치찌개 해먹고…엄마가 많이 힘드신가보다. 밤늦게까지 일하시고 거기서 어떻게 비참하게 일하시는 모습을 생각하니 맘이 아프다. 사회는 모범생을 환영해주는 건 아니다.

데… 난 안 되나 보다. 언니랑 있는 게 좋다.

2001.04.12.

안으로 빠져드는 나의 모습. 혼자 생활하는 게 편하고 세상을 등져서 사는 게 좋다. 이러면 안 되는데… 정장 입고 나셨는데 내 모습이 어색하다. 캐주얼하게 발랄하게 생활하고 싶은

2001.04.13.

경희언니랑 여의도 벚꽃 구경했다. 오늘은 내가 좋아하는 사람만 보는 행복한 날이었다. 희애언니도 우연히 보고 류시원도 보고… 경희언니가 가르치는 일 그만두고 스스럼없이 엄마아빠 이혼한 얘기며 월급 50만 원 넘게 받았다는 얘기. 눈물이 나왔다. 경희언니가 내 앞에서 울었다. 나도 울고 싶었다. 이젠 공부할 의미가 생긴다.

30

잠시 머물다 지나갈게
너는 없지만
너의 기억은 여기 있으니까

쨍그랑
꽃 뭉치가 땅을 향해
곤두박질친다
쨍그랑
꽃유리 파편들이
흩어진다

이렇게 연약한 걸
떨어지고 나서야
너를 다시금 본다

그렇게 어여쁘게 있어서
너의 연약함을 몰랐어

너는 없지만
너는 그대로 있어
나 또한 여기 그대로

2001.04.14.

아빠가 머리 잘라 줬다. 뭐든 잘하시는 아빠. 세상은 외면해도 실패했어도 가정 내에서는 성공하신? 공무원 돼서 돈 벌어 오는 걸 이젠 은근히 바라시는 눈치.

2001.04.15.

언니랑 정독에 가서 벤치에 앉아 얘기하고 따뜻한 햇빛 받았다. 벚꽃은 피고 촌스런 천은 휘날리고…식당에서 맘껏 냉면 먹고…좋았다. 할 것은 많은데 이런 여유로운 것도 즐기고 싶었다. 누군가에게 키다리아저씨가 되어주고 싶다. 언니가 회 먹고 그래서 그런가 얼굴이 많이 붉어졌다. 울 언니가 아프면 내 맘이 좋지 않다.

2001.04.16.

아침에 학교에 가서 재무회계 공부했다. 생선까스 먹고 느끼해서 혼났다. 배도 좀 아프고.

시험은 다가오는데 조급함만 생긴다. 욕심을 내서 하자. 이젠 그 누구를 좋아하지도 않을 것이다. 앞만 보고 달릴 것이다. 난 공부하는 게 좋다. 즐겁다.

2001.04.17.

신발 밑창이 떨어져 뜨거운 햇빛 속을 뚫고 집에

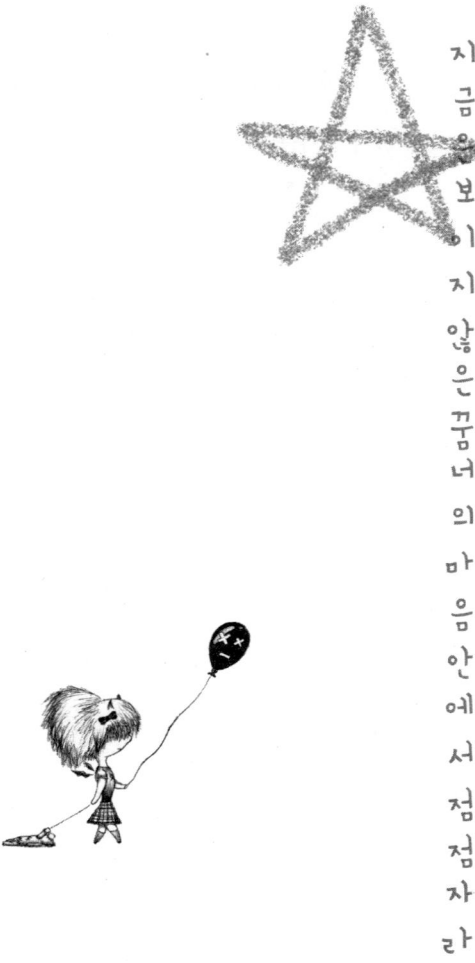

지금은 보이지 않은 꿈너의 마음안에서 점점 자라

와서 아빠가 끓여주신 라면 먹고 해석해드렸다. 아빠가 빵 사오라고 해서 사다 드렸더니 좋아하시는 모습 보니 좋다. 조바심을 너무 가지지 말고 공부하자. 공무원 위주로 공부하자.

다.
임 상
엽 세
법 테 잎
샀다.

2001.04.18.

초여름 날씨다. 할 것은 많은데 조안언니는 공부 잘 안 된다고 같이 냉면 먹고 얘기했다. 5개월만으로도 세무직 붙고 많이 뽑는다고 한다. 끝까지 밀어붙이자. 우선 공무원 위주로…

아빠가 은근히 뭐 사오는 것을 바라시는데도 빈손으로 들어갔다. 희애언니한테 멜 남겼

2001.04.19.

혼자 공부하는 것보다 들으면서 하니까 더 효율적이다. 1년이라는 시간이 짧은 것도 같다. 공부는 할 게 많다. 누구의 메일을 기다리지도 말고 확인도 말자. 조안언니가 내려오다가 발을 헛딛는 바람에 넘어질 뻔했다.

2001.04.20.

장애인의 날이라고 신문지상에서는 한번 언급하면 임무완수인가? 사람들이 얘기하면 이젠 가식처럼 느껴진다. 희애언니가 머리했다

31

새벽 여명이 구름 사이를 비집고
뭉개구름은 산등성을 감싸
구름이 산이 되어버린
그 어느날

너와 함께 한
그 시절 노래가 계속 귓가에 맴돌아
나 거기로 다시금 가고 있네

거기로 가면
만날 수 있나

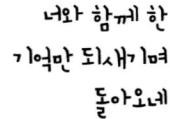

너와 함께 한
기억만 되새기며
돌아오네

구름인지 산인지
기억인지 너인지
모른 채

고...영미도 그 누구도 나에게는 도움은 안 된다.
경희언니, 승은이 힘들어한다. 주위 사람들이
가만히 뒀으면 좋겠다.

2001,04.21

세법 오전에 계속 들었다. 재미있다. 승은이한테 친구로서 미안하다고 코끝이 찡해졌다. 희애언니도 모두 힘들어하는 모습에 맘이 아프다. 아무리 주위에 사람이 많아도 외로워 보인다. 변화? 공부도 재밌다. 내가 하고 싶은 거 한다. 이 인간을 지배하는 세상이 올 것 같다. 언니랑 얘기하고 싶고 같이 놀고 싶은데 학교로 뚜벅뚜벅 갔다. 이 세상 태어나서 제일로 행복한 시간은? 언니랑 같이 있는 시간...엄마가 나이 어린 애한테 사과한다고 생각하니 마음이 아프다.

2001.04.22.

아빠 말대로 인간이 동물을 학살하고 그랬듯이 로봇

2001.04.23.

욕심부리지 말고 할 것만 하고 버릴 건 과감히 버리자. 희애언니한테 더 이상 시간을 주지 말자. 밥도 제때 먹자. 어느 누구도 나한테 관심이 없다고 생각하자. 나를 가지고 노는

살랑살랑 부는 바람
나무 사이사이
오월의 푸르름을 함께 쏟아내네

시간시간
햇살은 다른 빛깔로
나무에게 다가와
따스함을 주고 가네

동이 틀 무렵
이름 모를 새들은
짹짹 짹짹
아침 인사를 나누네

나는
바람, 햇살, 새
그들과 함께 어울리는 나무
그곳에서
나를 느끼네
여기 함께 살아있음을

거 같아 싫다. 언니랑 비단꽃향무 눈물 흘리면서 봤다.

2001.04.24.
아침에 쥐가 났다. 하루가 너무 빨리 지나간다. 승은이가 그 뒤로 연락이 없다. 맘을 비우고 열심히 하자. 엄마가 나이 어린 딸뻘 되는 애들과 구차하게 일하시는 모습을 생각해서…세법을 알아가면 갈수록 재미있다. 적성은 아니지만 뭔가를 배우는 것은 좋다.

2001.04.25.
세법을 알면 알수록 이유가 있다. 재미있다. 경아랑 저녁 먹고 공부 열심히 했다. 과거 얘기를 운운했다. 이제는 먼 과거 일이다. 현정언니가 결혼식 안 갔다고 아는 체를 안 한다. 기분 나쁘다. 누구 때문에 신경 쓰이고 마음이 아프다. 없어졌으면 한다. 내 앞에서…

2001.04.26.
상법 시험 법전을 들고 시험을 보는 거 몰랐다. 조문을 외웠던 게 억울하고… 공인회계사 시험 떨어졌다고 속으로는 많이 힘들 것이란 걸 알면서도 겉은 왜 이리 차가운지…사는 게 힘들다. 취직하는 것도 공부하

햇님이여
별님이여
당신이 부르셨나요
내 뜻이 아닌데
곤히 잠든 나를 깨워
이 땅에 부른 이유는 뭔가요

얼어붙은 땅을 뚫고
허공으로 나오니
비바람도 내 뜻이 아니요
어둠도 내 뜻이 아니요

이리저리 흔들흔들
하늘로 하늘로
조금씩 조금씩

밤에는 별님따라
낮에는 햇님따라
어둠을 뚫고
당신에게 갑니다

는 것도 모두. 효원이는 순수한 아이인 거 같다.

2001.04.27.

단 한 사람만 붙는다고 해도 난 꼭 붙는다.
난 열심히 했으니까. 엄마를 빨리 고생문
에서 졸업 시켜 드려야지. 아빠가 항상
먹는 거에 즐거워하고 기다리는 모
습. 좋은 엄마, 언니, 오빠도 있으
니 난 행복하다. 기 죽지말고 열
심히 하자.

2001.04.28.

영미가 우리 학교에
와서 같이 밥 먹고
얘기하고 공부했
다. 항상 내 얘
기 잘 들어
주는 친구.
승은이
도 모
두

안됐다. 새우 버거 사들고 온다고 언니가 나 먹으라고 라면 여러 가지 골고루 사왔다. 빡세게 공부하자. 아빠가 돈 몇 푼 때문에 발품 파시고… 언니도 아빠도 모두 좋다.

2001.04.29.

언니랑 같이 있고 싶은데 내일 시험
때문에 빵 사들고 학교에 갔다. 난 유혹
거리도 별로 없고 자신감이 생기다가도…
모르겠다. 사람들은 왜 원조교제, 전화방 같
은걸 할까? 식구들과 닭똥집 맛있게 먹었다.
최선을 다하자.

달이 본다
달빛이 떨어진다
너는 나를 보아

달이 본다
눈빛이 떨어진다
나는 너를 보아

우리는 그렇게 하늘과 땅에서
서로를 본다

너는 그렇게 멀리 있지 않아
지평선 사이
위아래
만날 수 없는 너와 나

너는 그대로인데
너의 모습이 변해가네
내가 변하니까

이제는 너를 안 보아
조금 더 멀어지네
하늘과 땅 사이
지평선이 선명해진다

2001.04.30.

한꺼번에 공부하려고 하니까 짜증나는 거 안다. 조안언니랑 재무회계 시험 끝나고 쇼핑했다. 성격도 안 맞고 못 됐고 그러는데 보고싶은 이유는 뭘까? 조금만 참고 열심히 하자. 노는 걸 참고…스포츠카의 비애라…

2001.05.01.

영미랑 성신에서 같이 공부하다가 어린왕자에서 밥 먹고 새우깡 사들고 쇼파에 앉아 한참 얘기하고 있는데 언니가 갑자기 와서 뭐 사 먹으라고 돈까지 주고 갔다. 자상한 울 언니 … 영미랑 스파게티 사 먹고 쇼핑하다가 핀 사고 영미는 귀걸이 샀다. 이렇게 즐겁게 노는 것도 좋지만 미래를 생각하자.

2001.05.02.

학교에서 바자회를 해도 날씨가 좋아도 즐길 수가 없네. 즐기고 싶은데 못 즐기는 것보다 아예 그 마음조차 생기지 못하고 또 않는 내 모습을 사랑해야 하는데...조안언니도 필요에 의해서 만나고..만나서 얘기하고 싶고 놀러 가고 싶은 사람은 너무 멀리 있네. 정에서 멀어져야 한다.

하늘은 어둑어둑
뚝뚝뚝
비가 내리면
너도 내리네

눈을 감으면
똑똑똑
이내 나는 그때로 가고
똑똑똑
너는 내 마음 적시네

촉촉이 젖은 달빛아
너는 내 마음을 아느냐

비는 내려
세상은 너로 가득해져
내 텅빈 마음을

비는 내려
내 마음에 내려
너로 가득 채워지는 마음을

2001.05.03.

시험이 어려워서 떨어지는 게 아니라 끈기가 없어서 그렇다. 7급 원서 접수하러 일찍 갔다. 4번...해야할 건 많은데 '어떻게'만 입에서 나온다. 엄마가 많이 힘드신가 짜증을 아빠한테 내시는 거 같다. 놀아도 논 거 같지 않고 공부해도 공부한 거 같지 않는 요즘…

괜찮아졌다. 세법이 참 어렵다는 생각이 든다. 시험 땜에 승은이 생일도 깜박했다니...미안한 기분이 들었다.

2001.05.04.

감기 기운이 있어 학교 쇼파에 풀썩 주저 앉아 누군가에게 기대고 싶었는데 옆에는 아무도 없어 우울했다. 희애언니, 경희언니한테 멜 남기고 공부하다 보니까

2001.05.05.

영미랑 성신에서 공부하다 어린왕자에서 냉면, 오징어덮밥 먹고 시원한 바람을 맞으면서 노래 들었다. 이어폰을 조그마한 스피커 대용으로.. 너무 크게 웃는 바람에 도서관 안에까지 다 들렸나보다. 희애언니가 양주까지 잔뜩 마시고 필름이 끊겼다고. 종훈언니는 몰래 그 생일파티 장소에 갔다고 생각하니까 속상하다.

36

하늘에 나무를 그려
파란 도화지에
푸른 나뭇잎

하늘에 구름을 그려
구름은 둥실둥실
가만히 가만히
함께 머물고 싶나봐

하늘에 시간을 그려
구름은 스르르스르르
스치는 구름
멀어지는 구름

하늘에 그리움을 그려
바람은 불어와 구름을 내몰고
파란 하늘만 덩그러니 거기 있네

나는 이를 스쳐지나간다 하네

2001.05.06.

배신이다. 종훈언니도 희애언니도...내가 재미없는 줄은 알지만 꼭 누구를 끼어 들이려 하는게 나를 무시하는 거 같아 싫다. 날 가지고 노는 건...경희언니가 내 얘기에 많이 공감하고 글 잘썼다고..
날 채찍질해주고 싶다. 해바라기 볶아서 그릇에 담아주시는 울 엄마가 좋다.

2001.05.07.

감기가 걸려서 머리가 띵하고 공부가 잘 안됐다. 희애언니는 걱정하는 척하는게 노트만 빌려주면 끝인가? 공부를 위해 모든 이 들이 나를 붙드는 게 싫다. 은영이가 많이 괴롭나보다. 언니랑 밤에 옛날 가수, 노래, 드라마 얘기하다 잤다. 언니가 어버이날을 맞이하여 봉투에 내 이름 조그맣게 달아주고 현금으로 드렸다.

2001.05.08.

하루종일 시험을 봤다. 희애언니가 낙동강 오리알 모양으로 학생답지 않고 늙어보였다. 나한테 문제 좀 알려달라고 정장 차림으로 장난 삼아 안았다. 자꾸 날 가지고 노는 이유는 뭘까? 어버이날이어서 빵 사들고 갔다. 오빠는 오빠답지 않다. 유진이

지금은 보이지 않은 꿈너의 마음 안에서 점점 자라

라는 애도 가진 게 많아도 불만투성이인가보다.

2001.05.09.

세법 테이프 계속 들었다. 듣다가 졸고 희애언니가 와서 말 시키고…학교 강의 듣는 것보다 더 실용적이고 재미있다. 효원이랑 냉면 먹고, 얼마 남지 않는 시험이 불안하기도 하고… 국사 테이프 다시 들었다. 감기는 걸리고 몸이 별로 안 좋다. 끝까지 최선을 다하자.

2001.05.10

아침 일찍 경희언니한테서 전화가 왔다. 학교 근처에서 얼굴 한번 보자고 해서 만나 학교에서 얘기했다. 뭐라 할 말도 없고 해서 금방 헤어졌다. 희애언니랑 있으면 놀고 싶은데 한편으로는 내 앞에 없었으면 좋겠다는 생각이 든다. 자신이 없다. 아빠 드리려고 빵 사왔는데 언니도 도넛 사왔다. 기뻐하시는 아빠…

2001.05.11.

이제는 모든 이들을 잊자. 잘 해줘도 소용없고 난 나로 거듭난다. 정장 입고 승은이 선물로 줄 면티 사서 만났다. 냉면 먹고.. 승은이가 나 합격하라고 찹쌀떡하고 사탕 사줬다. 고마운 친구…

37

나
바람이 스치면
하늘에 그림을 그려

별 하나
구름 하나
너 하나

바람 부는대로
생각나는대로
이리저리 그리다

나
바람따라
하늘로 돌아가

노는 걸 지금 좋아하면 큰일난다. 공부도 즐기면
서 하자.

2001.05.12.
가장 친하다고 생각하는 친구, 영미는 알
다가도 모르는 애다. 뭐가 어째서 그래
서? 자기가 잘난 건 왜 숨기려고 하
는지… 왜 숨겼는지…직장 생활
하는 게 그리고 자격증 딴 게
뭐가 어쨌다고. 기쁜 일조차
숨기는데 괴롭고 힘든 일
은 더더욱 숨기려 들 게
아닌가? 나도 그렇지
만 가장 친한 이가
적인가? 생각하
면 할수록 기분
이 나쁘다.

2001.05.13.
아빠는 먹는
걸 정말로 좋아
하신다. 닭죽 먹고
언니가 친구들하고
먹다 남겨온 피자도 먹
었다. 찬송가를 슬프게 부
르시는 울 아빠, 친구한테 얻
은 옥수수 드렸더니 좋아라 하
시는 울 엄마…

2001.05.14.
세법 강의를 듣고 있는데 희애언니가 밥
같이 먹자고 조르는 바람에 먹는 거 그냥 보
고 있었다. 글 잘 써서 플랫카드에 이름 날리는
게 부럽다. 성 전환 수술자에 대해 티비에서 찬반

38

별 하나
나 하나

별 둘
나 하나

별 셋
나 하나

무수한 별 넘어
내 안의 나는 누구인가

한개 한개 별을 이으며
나는 점점 내가 되어간다

논쟁하는 것을 봤다. 하나님의 실수? 목사가 나와서 근거없이 얘기하는 게 우습다. 사랑으로 모든 걸 감싸줘야지.

고비단 향꽃무 '비가' 노래 다운 받아서 들었다. 내 인생 얘기를 글로 써서 상업적으로 이용해서는 안 되나? 며칠 안 남았다.

2001.05.15.
스승의 날이라고 이석영 교수님께 단체로 메시지 남겼다. 더 길게 쓰고 싶었는데 꼭 합격해서 찾아뵙고 싶다. 신경을 많이 썼더니 감기가 떨어지질 않는다. 아빠가 빵을 그렇게 기다리는데 나만 잘 먹고 못된 딸이다. 내일은 꼭 사다 드려야지…

2001.05.16.
집에 계속 있었다. 혼자서 찌개 해서 먹

2001.05.17.
주위에 있는 사람들 대부분이 공무원 하겠다고 하니 경쟁이 생긴다. 집에 불이 나려고 하는데 엄마, 아빠가 꿨던 꿈을 꿨다. 영미한테서 기출문제 있냐는 메일이 왔길래 성의없이 없다고 남겨줬다. 너무 감추는 게 많은 친구…나도 닮아간다. 내가 보여준 만큼이라도 보여줬으면…그 친구가 아니어서 모른다.

별빛이 스르르
어깨 위 살며시 닿으면
너가 생각나

바람이 소르르
얼굴에 스치면
너가 생각나

비가 주르르
빗소리 되어
귓가에 닿으면
너가 생각나

너는
별 되어 스르르
바람 되어 소르르
비 되어 주르르
내 마음에 내려와

2001.05.18.

어디를 가야할지 모르고 방황하는듯한 아빠의 어두운 모습이 안쓰럽다. 피곤해서 우황청심환 마셨다는 우리 엄마,,,싱크대에서 씻는 우리 언니를 사랑한다. 학교에 갔다가 너무 어수선한 거 같아 빵 사들고 집에 왔다. 영미를 너무 완벽한 친구로 보지 말자.

2001.05.19.

희애언니가 초콜렛 사준다고 같이 따라 나섰다. 전에 내가 해줘서 그런거겠지… 남의 호의? 이제는 안 믿는다. 나랑은 전혀 맞지 않는 사람들… 언니가 구색을 갖춰야 된다고 찹쌀떡 사 왔다. 아빠랑 냉전 중...나중에 아빠에 대한 생각이 많이 날 거 같다.

2001.05.20.

떨렸다. 같이 가는 일행하고 택시 타고 올라가서 시험 뚝딱 해치우고 나왔다. 농심가에 들러 먹고 싶은 거 사 들고 와서 먹고 언니랑 성신 갔다. 지하에서 공부(언니는 옆에서 잠)하고 냉면 먹고 나왔다. 동생한테 너무 잘해주는 우리 언니가 좋다.

저 편백나무 사잇길
한아름한아름
흙길 위 한발한발
하늘 아래 구름도 한발한발

푸른 풀이 내 발을 스치면
하얀 바람이 얼굴을 스친다

산 아래
구름 아래
바람과 함께
걷고 또 걷는다
저 숲길로
그리고
저 하늘로

2001.05.21.

무척 더웠는데도 목욕탕에 가서 시원하게 때 문지르고 왔다. 사람이 사람을 부려먹는 때미는 아줌마. 자랑스럽게 자기 직장을 말할 수 없을 거 같은데 열성적이신 그 아줌마…
영미 생일 선물로 립스틱 사서 신촌에서 지연이랑 물냉면 먹고 얘기하다 헤어졌다.

2001.05.22.

승은이 학교 축제. 타학생들이 노래하는 것도 들어보고 성시경 신인가수도 봤다. 비가 와서 상쾌한 기분으로 떡볶이도 먹고 스쿨버스 타고 내려왔다. 낚시하는 유유자적 평온함 속에서 먹고 먹히는 생존의 문제가 대두된다. 누군가가 좋아한다면 고마워서 좋아하겠다는 승은이의 말…

2001.05.23.

내가 진정 전진하고 싶은 것인가? 서점에 들어서는 순간 나도 글 써서 남기고 싶다는 생각이 들었다. 이젠 시작이다. 더이상 감정을 내세우지도 말고 미련도 갖지 말자. 희애언니가 언제부터 내 삶의 일부가 됐는가? 밉지만 미워할 수 없네. 너무 이쁘게 남기려고 하지 말자. 담담히… 아빠

41

비에 젖은 한 마리 새가
버스정거장 모퉁이에서 바들바들 떨며
웅크리고 있다

나는 너에게 다가갈 수 없어

너의 눈물은 비 되어
하늘로 떨어져
하늘의 눈물이 비 되어
너에게 떨어져

하늘과 땅 사이
하늘과 너 사이
누가 먼저 시작한 눈물이련가

그저
비는
소리없이
내린다

가 무뚝뚝한 옆집 아저씨보다 돈은 못 버시지만 그런 아빠가 좋다.

2001.05.24.
아빠 사업은 잘 안 되고 점점 지쳐간다. 학교 축제 때 경희언니가 와서 밥 같이 먹었다. 지갑에 있는 돈도 싹쓸이 해 가고 축제에 참여하고 싶어도 그렇게 못하는 내가 싫다. 승은이랑 여행갈 준비까지 다 했는데… 취소했다. 공부하겠다고 하는데 다른 즐거움 못 가져서 이거라도 발악하겠다는데 못 해 주는 언니가 밉지만 이해하자.

2001.05.26.
관리회계 보강하고 은영이네 놀러가서 새우까스 스파게티 만들어 먹었다. JSA비디오 보고 잠들어 버렸다. 너무 편한 친구… 그래서 미안해지는 친구… 아침에 희애언니 만나 테이프 빌려 달라고 했다. 뒷모습이 쓸쓸해 보인다. 공부 열심히 최선을 다하자.

2001.05.27.
언니가 해 준 부침개 먹고 하루종일 편히 자고 먹고 그랬다. 내일부터 시작이다. 친구를 그만 생각하고 내 자신을 아끼고 사랑하자. 하루하

42

해질녘
와온 바닷가

저 멀리
밀물은 슬그머니 다가온다
햇빛은 그 밀물따라
내 옆으로 점점 다가온다

잿빛을 품은 바다는
파란빛으로 넘실대다
저녁 햇살따라
은빛 황금빛으로 퍼진다

바다 햇살아
조금만 천천히 다가와 줄래
그리고
조금만 조금만 더
머물다 가면 안 될까
어차피 떠나야 할 길이라면

루를 아끼고...엄마, 아빠를 위해...

2001.05.28.
공부하는데 해이해진 거 같다. 같이 있으면 불편하면서도 좋고 즐겁지만 다 헛소용이다. 친구들 관계도 모두...난 다르다. 오랜만에 조안언니 보니까 반갑고 좋았다. 편한 언니...좋은 사람 만나서 결혼해 행복했으면 한다. 경제학 어떻게 강의하는지 듣고 왔다.

이 두렵기 때문에? 솔직히 등록금이 없다. 학교 다닐 돈이 없다. 뭐가 옳은 길인지 모르겠다. 나보다 잘난 친구는 이젠 만나기가 싫다. 학교… 우선 기말시험 최선을 다하고 그때 생각하자.

2001.05.29.
결혼을 위해 대학을 다니는가? 무엇을 위해 남들이 하는 길을 좇는가? 나중에 후회 할 것

2001.05.30.
많이 우울했다. 누구에게 하소연(?) 하고 싶지도 않고 털어놓기도 싫었다. 도서관에 앉아 책만 봤다. 내 자신에 회의가 느껴지는데 남들과 같이 사려는 그 자체로 불행인가? 지쳐간다. 기쁨도 슬픔도 없는 삶...누가 건들면 터질 거 같은 답답한 심정...

지금은 보이지 않은 꿈너의 마음안에서 점점 자라

시험기간이다. 정신차리자.

2001.05.31.

짜증이 난다. 근데 화풀이 할 데가 없다. 언니가 오늘따라 부럽고 밉다. 동생은 생활에 지쳐 힘이 드는데 내 자신한테 너무 힘이 들 때 마냥 편하게 있는게... 테이프 사달라고 하니 화부터 내고...양보도 이젠 그만하고 싶다. 아… 소리내서 울고싶다. 속은 답답한데 겉은 웃어야하니…

2001.06.01.

눈물이 절로 났다. 누군가에게 털어 놓고 싶어 경아라는 동생한테 얘기했다. 눈물이 핑 도니...나한테 어쩔 수 없이 생긴 거면 순순히 받아들이고 내가 할 수 있는 거에 최선을 다하자. 승은이, 경희언니한테 못난 메일을 보냈다.

2001.06.02.

성신에 가서 공부했다. 하다 보니까 팬시리 잘 안 돼서 정화언니랑 '오며가며' 분식점 가서 돌솥 시켰는데 정말 맛있었다. 1년동안 열심히 하면 되겠지…

언니랑 영화 '동감' 봤다. 휴학한다 못을 박으니까 맘이 편하고 공부해도 좋을 거 같다. 희애

43

생각한다
너를
그러면
내 곁에
네가
있다

생각한다
너를
그러면
내 시간 안에
네가
있다

같은 공간
같은 시간

그때
그곳에
너와
함께 있다
지금
이곳에

언니가 안 보이니까 허전했다.

2001.06.03.
엄마, 언니랑 목욕탕 갔다 와서 실컷 자고 학교로 갔다. 올라가면서 희애언니 봤다. 같이 공부할 때는 잘 안되고 없어도 허전하지만...이제는 혼자 하는 거에 익숙해야 한다. 열심히 독서실 다니면서 하자. 투자. 단기간에 끝내버리자.

2001.06.04.
늦잠 자고 공부도 별로 집중해서 못했다. 내일부터 분발해서 마지막 학기 열심히 해야지. 일 년을 투자 하는 거다. 그냥 버리는 게 아니다. 제대로 된 투자 하려면 버리자. 따뜻한 인연을 버리자. 그리고 후회 말자. 난 다시 태어날 것이다. 새로.

2001.06.05.
올라가다가 희애언니 봤다. 언젠가 과거의 사람으로 남을 사람. 내가 정 주고 싶은 사람과 아닌 사람이 너무 확연히 구분되는 것도 문제지만 더 이상 싫은 인연 만들기 싫다. 조안언니랑 다니면 편안하고 좋다. 이젠 공부와의 생활로 또 들어가는구나.

44

가을은 성큼성큼
여름은 머뭇머뭇

풀잎 넘어 귀뚤귀뚤
나뭇가지 넘어 맴맴
밤이면 귀뚤귀뚤
낮이면 맴맴

여름과 가을사이

어둑어둑해지는 하늘
무심히 멀어져가는 하늘

구름 위
저 세상
별 넘어
저 세상
여기와 저기 사이

나는 있다
소리 사이
생각 속
세상 사이

2001.06.06.

언니는 뷔페 간다고 가고 난 공부하러 성신에 가다가 나 닮았다고 하던 김현주 봤다. 깜짝하고 이뻤다. 희애언니가 내 옆에 앉았다. 불편하기도 했지만 그냥 싫지는 않았다. 뭔가 허전해 보이지만 그러지 않으려고 하는 모습도 이젠 안녕… 모두 안녕…

2001.06.07.

아침부터 무지 더웠다. 더워서 집에서 하려고 하다가 결국 학교로 갔다. 효원이가 그림 액자 선물로 줬다. 동생한테 받아보기는 첨이다. 내가 받을 때 그리 좋아하지 않았던 것처럼 이제껏 내가 수없이 뭔가를 줬던 그 사람들도 이런 맘이었을까? 그래도 챙겨주는 게 좋다. 영미, 희애언니도 축하 메시지 보내줬다.

2001.06.08.

핸드폰 살렸다. 하루종일 공부가 집중이 안 되고 희애언니 따라 이석영 교수님께 가서 물어보고 박기성 교수님께도 찾아갔다. 끌려다니고 이런저런 얘기하고 기분이 좋다. 휴학한다고 하니까 더 잘해줘야 할 거 같다. 그래서 공부가 더 안 되는가?

45

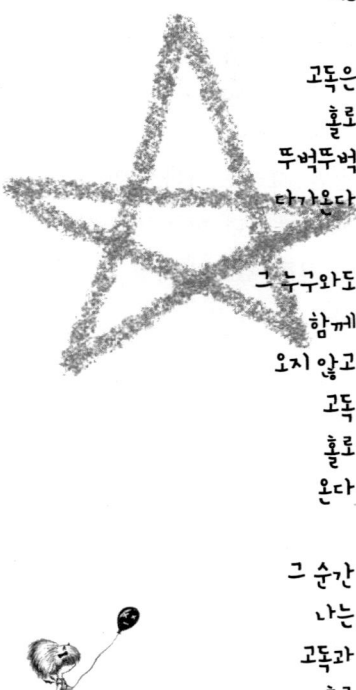

고독은
홀로
뚜벅뚜벅
다가온다

그 누구와도
함께
오지 않고
고독
홀로
온다

그 순간
나는
고독과
홀로
마주한다

2001.06.09.

성신에서 조안언니랑 공부하다 피자, 떡볶이 먹고 늦게까지 있었다. 너무 이리저리 돌아다니는 언니. 성격이 정말 판이하게 다르지만...그래도 정이 들었나보다. 멜 써주고 집에 왔다. 마음 편히 시험 보자. 아주 편히. 엄마가 족발 먹고 싶다고. 사드리지 못하지만 나중에 꼭!

지다. 언니랑 같이 있으니까 즐겁고 좋다.

2001.06.10.

언니가 학교 가지 말라고 호박 부침도 해주고 이런저런 얘기도 하니 가기가 싫었다. 희애언니한테 간다고 했었는데...'어디야' 오랜만에 받아 보는 메시

2001.06.11.

아침에 효원이랑 약속이 있었는데 조안언니랑 어쩔 수 없이 공부하게 되었다. 희애언니가 밥 먹을 사람이 없다고 같이 식당에서 먹었다. 뒷모습이 외로워 보이는 언니...안 보이면 잘 해주고 싶은 사람...낼 시험이면 끝난다. 아니 거의 끝나 좋다.

2001.06.12.

그 지겹던 시험이 거의 끝나간다. 미시경제 보고 문제 알려줬다. 이제는 헌법을 열심히 붙들어

46

내 두 눈에 별이 어려
내 두 손에 별이 놓여
내 마음 가득 별이 채워지면
다시 그 자리로 돌아갈 수 있을까

야지...오늘따라 더 우울해 보이는 언니..돈 때문에
힘이 든가? 아빠 사업 가망성이 없는데도 붙드
시는 게 답답하면서도 안쓰럽기도 하다.

2001.06.13.
희애언니는 알면 알수록 짜증나는 사람이다. 불쌍하면서도 남 배려도 않고 막 얘기하는, 하여튼 모를 사람. 헌법을 해야 하는데 양이 방대해서 하기가 싫다. 그래도 공부한다는 생각으로. 주위에 흔들리지 말고 하자.

2001.06.14.
오빠가 팔 수술을 어제 받았다고 한다. 종양이라고. 악성이 아니라고 하지만 우리 집 식구들 만큼은 건강하고 행복했으면 좋겠다. 낮에 퉁명스럽게 받아줬던 게 못내 맘에 걸린다. 아빠랑 밥 비벼서 같이 먹었다. 계속 누워있는 아빠가 무능력해 보이지만 자상하신 분이다.

2001.06.15.
엄마가 누군가에게 무시당해도 아무 말도 못하는 그 공장 사람들을 생각하니 열 받는다. 오빠가 아프니까 눈물이 핑 돌 정도로 맘이 아프다. 영미도 그렇게 행복해하지 않는 친구구나. 희애언니가 옆에서 있는 게 오늘따라 짜증이 났다. 언니가 직장 생활

47

서늘한 바람
가을 향기
함께
서서히
다가와
물이 든다

가을
그리고
너

내 마음 위에

이 많이 스트레스받나 보다.

2001.06.16.
공부가 잘 안 됐다. 조안언니랑 같이 밥 먹는 게 제일 편하고 맛있다. 엄마가 월급 타서 페리카나 시켜 드셨나 보다. 희애언니가 핸드폰 일시 정지 시킨다.

2001.06.17.
샌드위치로 아침, 점심 때우고 사이버 기말고사 두 과목 치렀다. 이젠 정말 방학이다. 해야할 건 많은데...은영이랑 무뚝뚝하니 그냥 만나고 싶지 않다. 이젠 나도 짜증이 났다.
엄마, 아빠 외식도 시켜 드리고 싶다.

2001.06.18.
아빠가 머리 잘라 주시고 탈색까지 정성스레 해 주셨다. 라면 끓여 맛있게 먹고 비가 주룩주룩 오는데 영풍까지 가서 경제학 책 샀다. 희애언니가 팬시리 짜증 내고 테잎 빌려 주는 것도 마지못해 하는 거 같아 싫었다. 돈 빌려 가서 갚지도 않고...치~

2001.06.19.
성신에서 강의 테이프 좀 듣다가 경희언니네 갔다. 개가 짖었지만 금방 먹을 거 주니까 친해졌다. 닭계장 먹고 과자도 먹으면서 비디오

48

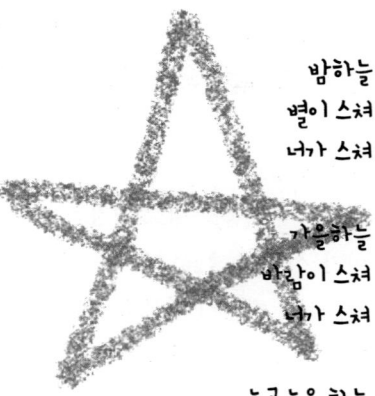

밤하늘
별이 스쳐
너가 스쳐

가을하늘
바람이 스쳐
너가 스쳐

높고 높은 하늘
구름 사이
너가 그려

인사이더 봤다. 별로 재미 없었지만 계획 세우고
진경언니 오랜만에 만났다. 넘 반가웠다. 경희
언니가 생일선물로 도서상품권 사줬다.

멀리 있고 하고 싶은 건 저 멀리 있는데 국사 교과서를 들고 있는 경희언니를 위해서, 눈가에 주름이 잡히신 울 엄마를 위해서 1년동안 열심히 하자.

2001.06.20.
오랜만에 이불도 털고 대청소 했다. 영미가 성경책, 찬송 테이프, 핸드폰 줄, 팔찌, 뺀까지 선물로 줬다. 고마운 친구다. 휴학원 제출했다.

2001.06.21.
조안언니가 샌드위치 사와서 먹고 음향도서관에서 테이프 들었다. 경희언니랑 영풍에서 영어책도 봤다가 공무원 교재도 봤다. 꿈은

2001.06.22.
희애언니가 빌려준 테이프 좀 보다가 은영이 만나 영미랑 먹었던 그 레스토랑에 가서 돈까스 시켰다. 꿈에 영미, 은영이가 보였다. 역시 친구라는 생각이 드는 건 영미다. 아빠가 망가진 테이프 손수 고쳐 주셨다. 곤히 자고 계시는 아빠. 오빠 뭐 챙겨준다고 잔뜩 뭔가를 싸주는 엄마...

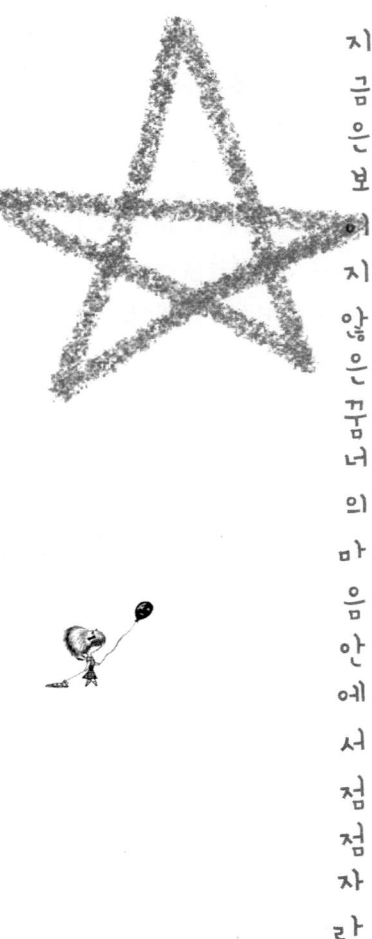

지금은 보이지 않은 꿈너의 마음 안에서 점점 자라

2001.06.23.

영미, 승은이한테 메신저 같이 하자고 해서 했다. 영미가 대웅이오빠, 윤영이언니라고 매일 써주니까 기분이 나쁘지는 않다. 전에처럼 친구끼리 하면 재미있을 거 같다고 해서 메신저 신청했다. 승은이한테 오빠 수술 얘기를 했는데 성시경 좋아한다고 얘기하니 좀 실망이다. 언니랑 오빠한테 과일 사들고 갔다.

친구들 얘기, 불쌍하다는 표현도 많이 썼다. 아빠가 신경질 내는 바람에 나도 그랬더니 먼저 푸셔서 아이스크림 사줬다.

2001.06.24.

비디오 도널드맥도널드 봤다. 오빠도 남자라고 오트바이가 위험한데도 어린애처럼 구는 게 동생같다. 지난 일기 보니까 참 진로 고민도,

2001.06.25.

영미가 메신저 잠깐 할 수 있냐고 간곡히 부탁하는 통에 잠시 얘기 나눴다가 승은이 만나러 갔다. 정독도서관에서 정림이, 별진이 보고 대학원 간다고 하니, 승은이가 속상했나보다. 벤치에 앉아 과자 먹으면서 여행 일정 짜고 학교도 잠시 들어갔다가 피곤한 채 집에 돌아왔다. 아빠가 앵글로 신발장 만들어 놓으셨다.

49

눈물이 차올라
세상에 뿌려진다

어린 아이는
그렇게 십자가를 이고
이 별에서 저 별로
왔다갔다 헤매고 있네

이 별에서의 짐이 무거워
　　　　놓을까
이 별에서의 아픔이 커
　　　　떠날까
이 별에서의 사랑이 그리워
　　　　돌아갈까
　　　계속 서성인다

어서어서
이 별에서
　당당히
　주인공으로
우뚝 일어나
이 기나긴 영화가
　　끝나기를

2001.06.26.

영미가 내가 써 준 멜 감동 받았다고. 희애언니 만나 테잎 돌려주고 PC실에서 영미랑 메신저 오래 하다가 번개(?)로 만나서 먹었다. 스파게티. 웃지 않으면서 쳐다보는 모습. 자세히 얘기 들어주는 친구가 있어 좋긴 하지만 내 가야할 길이 있기에…

2001.06.27.

아침, 점심은 거의 굶다시피 해서 새우버거 먹고 경희언니 집에 가서 잤다. 동생 결혼식이래서. 비디오 코믹 영화 보고 떡볶이도 먹고 맥주 마시면서 얘기 나눴다. 꼬맹이가 자는데 자꾸 끼

어드는 바람에 잠을 거의 못 잤다. 굿모닝팝스 좀 듣다가 다시 청했다. 역시 우리 집이 편하다.

2001.06.28.

더덕에다 밥 먹고 사발면, 만두 먹었다. 경희언니랑 스티커 만들어 보았다. 인터넷 옥주현 욕 써놓은 거 보고 같이 웃고…내 빽을 삼아…주고 싶다. 꼭 든든한 빽이 돼주고 싶다. 영미랑 메신저 하는데 별로 하고 싶지 않다. 지금 행복보다 내 자신의 미래를 위해 우리보다 나를 택한다. 그리고 후회없이 공부한다.

나는
세상의 눈물 대신
너의 인생에
힘을 주고 싶다

나는 실존주의자
너는 주인공

2001.06.29.

비가 주룩주룩 온종일 왔다. 성신에 가서 짐 싸 갖고 우등독서실로 접수하러 갔다. 고등학교 때와는 다르게 많이 깨끗해진 거 같았다. 영미가 메신저 하다가 갑자기 전화하는데 재미 있었다. 참 웃긴 친구다. 그래도 내가 잘 돼야 볼 수 있는 친구다.

2001.06.30.

비가 온다고 해서 집에 계속 있었다. 경제학 테잎 사고 와서 어제 프린트한 메일 읽다가 보물함에 넣어 두었다. 마지막으로 영미랑 메신저 했다. 구수한 사투리를 쓰며 친구를 웃기려는 친구와 이젠 멀어져야 한다. 이런 상황이 과거에 있었던 거 같다.

2001.07.01.

언니랑 방 청소하고 잘 나오지도 않는 티비 보면서 하드도 먹고 참 편하고 좋았다. 티비 보면 내가 킬링 타임 하는 거 같고 재밌지도 않지만 그래도 좋다. 언니 매입 상반기 결산 늦게까지 맞춰봤지만 잘 안 돼서 찝찝하게 잤다.

2001.07.02.

독서실에서 새롭게 공부했다. 도시락 싸가지고

50

타다닥 타다닥
장작이 탄다

찬바람이 잎새를 스치고
나무가 햇살을 여는
가을 어느날
깊고 깊은 아궁이에
기억을 태운다
타다닥 타다닥

너와의 기억
생각나는 향기
가을 향기 속

시간은 그저 맴돈다

테이프 들으면서 하는데 꽤 시끄럽고 어수선한
분위기였다. 오직 공부만 계속 했다. 하루종일   생
시험 합격할 때까지 열심히 하자. 공부는 혼   활하
자 하는거다. 좀 힘들더라도 본때를 보여   자.
주자. 몸은 피곤해도 기분은 좋다.

2001.07.03.

저녁으로 짬뽕 먹었다. 영미한테
우등독서실 다닌다고 메시지
보냈다. 아무 얘기도 안 하니
까 괜시리 누군가 보고 싶
어지지만 참아야 한다.
가끔 쉬엄쉬엄 하자.
건강도 생각하면서.
이렇게 시원하게
보낼 수 있다는
자체로 감사
드리자. 내
일 또 활
기 차
게

2001.07.04.

엄마가 피곤한
데도 아침에 도시
락 싸주셨다. 아빠는
마중 나오시고...이 분
들을 위해 잠을 자서도
딴전을 피어서도 안된다.
영미 문자 메시지가 날 흐뭇
하게 하고 활력이 된다. 자연스
럽게 요구할 건 요구하자. 언니가
회사에 처음으로 치마입고 갔다. 좋
아보인다. 자랑스럽고.

2001.07.05.

이젠 희애언니는 내 머리, 마음, 이 일기장조
차 잊혀지는 사람이 됐구나. 영미가 독서실로 찾

51

해는 내려와
달은 스쳐와
바람은 불어와

세상의 눈을 끄고
나의 세상으로
걸어가

모래알 세상 속
하나의 먼지가 되어
하나의 별이 되어간다

바위가 모래로 부서지는 시간 넘어
해와 달 사이
바람 사이
홀로 새벽별이 뜬다

아와 과자 먹으면서 얘기했다. 돈은 없고 계속 먹으면서 놀고 싶은데 무슨 자존심과 조바심으로 친구를 보내는지…미안하다. 언니랑 옷 치마 싸게 사서 기분 좋게 같이 집에 왔다. 언니한테도 미안하다. 그 행복을 빼앗았는데 열심히 해야지…

2001.07.06.
점심, 저녁을 똑같은 반찬에 때우려니까 지겹기도 했지만 이렇게 공부하던 때가 좋을 것도 같다. 학교에 가서 희애언니랑 잠깐 얘기했다. 경희언니한테 전화했다. 순수한 언니. 아빠가 사업자 모집 광고를 냈는데 연락이 없나보다.

2001.07.07.
눈에 다래끼가 나서 감고 뜰 때 걸린다. 하루종일 시원한 독서실에서 있으며 카레에다 밥 먹고 공부했다. 역시 공부를 할 때가 마음이 제일 편하다. 엄마, 아빠 실망시켜 드리지 말고 공부한다는 그 자체로 감사드리고 거기에 의의를 두자. 나에게 기대하는 사람 모두를 위해…

2001.07.08.
언니랑 옷 구경하고 어린왕자 분식점 가서 떡볶이 먹었다. 교회 사람이 선 보라는 말에 언니

52

서로 머물던 존재여
어디로 가느뇨

너는
내 세상에 잠시 들어와
기억 속 흐릿하게 머물다
너는
내 세상에 없네

나는
너의 세상에 잠시 들어가
기억 속 흐릿하게 머물다
나는
너의 세상에 없네

너와 나
거기에 함께 있다
기억에 함께 있다
훠이훠이 날아가

여기 이렇게
서로 스쳐지나가네
서로 바람되어

는 눈물이 나왔나보다. 경희언니가 힘들어 한다.
나이가 무섭긴 무섭구나.

2001.07.09.
세법 듣기 시작. 알수록 복잡해지는 게
보이지 않아서 그런가. 답답하다. 경희
언니가 같이 스티커 만든 거 우편으
로 보내줬다. 메시지 오랜만에 받
으니까 좋다. 영미가 핸드폰으
로 녹음한 거 들으니까 좋다
고...좀 더 분발하고 집중있
게 하자.

2001.07.10.
비가 왔다. 오전
에 너무 머리
가 무겁고 졸
려서 잤다.
엄마가
어제
오

징어포 반찬을 해 주셔서 점심, 저녁으로 맛있게 먹었다. 조바심을 가지고 하자. 그리고 가끔은 여유를 가지자. 별로 집중 있게 못해 아빠 나오시라고 하기가 싫었다. 영미도 승은이도 모두 내가 잘 돼야 존재하는 친구다.

2001.07.11.
잠자는 것도 버릇이다. 이제껏 친구들은 내가 연락을 해야 그제야 하는 차가운 친구들이다. 나 또한 그러지만. 나만의 공간에서 내일을 걱정할 필요없이 공부한다는 자체로 감사드린다. 외롭고 힘든 척 하지 말자. 더

53

오월의 푸른 잎새 넘어
시월의 낙엽을 보아

나 잠시 여기 있었네

하늘 넘어 별을 보아
별 넘어 우주를 보아

나 잠시 여기 있었네

무한한 시공간 속
내 눈으로 보는 내 세상

나 넘어 너를 보아
지금 여기를 보아
너의 손을 잡아
순간순간 행복을 느껴

나 잠시 여기 왔다 가네

분발하자. 공부뿐 내가 제대로 할 수 있는 건 없으니까.

2001.07.12.
아침에 침대에서 좀 오래 잤다. 넘 편하고 좋았다. 영미가 메신저 들어오라고 해서 잠깐 얘기 나누고 우등에 갔다. 오징어를 씹으면서 기출 문제를 보는데 보기엔 쉬어 보여도 막상 풀려고 하니까 어려웠다. 완벽히 안 해서 그렇다. 그 수준에 맞춰서 하자. 이 길이 아닌가 하는 생각이 들지만 다른 길이 없으니까.

2001.07.13.
영미랑 석모도에 갔다. 시외버스 타고 배 타고 갈매기 보고 도착했는데 고생 시작이었다. 자전거 타고 거의 4시간을 땡볕에서 점심도 거른 채 계속 달렸다. 근데도 웃음이 나오니 역시 영미랑 여행할 때가 가장 즐겁다. 팔과 얼굴은 탔어도 고생 끝에 추억이 있다. 완주는 못 해도 노력상으로 족한가?

2001.07.14.
거의 2시까지 잤다. 고생은 좀 했어도 많이 웃고 참 좋았다고 영미가 메시지 남겨줬다. 정말로 진정한 친구가 되고 싶은데...은영이네 가

54

옛날 옛날에
넓디 넓은
어둔 허공 속
이름 없는 별과 별이 만나

서로는 지구 달이 되어
달은 지구를 계속 맴돌아

언제까지 맴돌까

언젠가는 지쳐가
언젠가는 잊혀가
무심히 지나치겠지

별이 별을 스쳐지나가듯

서 과자, 맥주 마시고 얘기하다 왔다. 사람들을 그리워하는 은영이한테 친구로서 잘해줘야 하는데...

2001.07.15.
연달아 독서실도 안 가고 쉬었다. 새벽에 비가 억수같이 쏟아져 인명 피해가 났나보다. 집에서 언니랑 늦게까지 자고 티비 봤다. 넘 편하고 좋았다. 그날을 위해 이러면 안 되는데...영미가 합격을 하고 내가 떨어진다면 그건 어떻게 하나? 진정으로 축하해 줄 수 있는 진정한 친구가 되고 싶다.

2001.07.16.
아빠는 사업이 잘 안 풀리신가 금식 기도하러 기도원에 가시고 언니는 강촌에 예전에 같이 일했던 알바 학생들과 놀러 가서 엄마랑 외롭게 있다. 엄마는 혼자 있는 게 싫다고 같이 자자고 하신다. 평생 같이 있고 효도도 해 드려야지…

2001.07.17.
언니는 강촌으로 여행 가서 집에 아무도 없었다. 영미가 슈렉 자기랑 꼭 보자고...난 공부해야 하는데 약속을 못 지킬 거 같다. 엄마가 경희엄마한테 돈 갚으라는 성화에 기운이 없

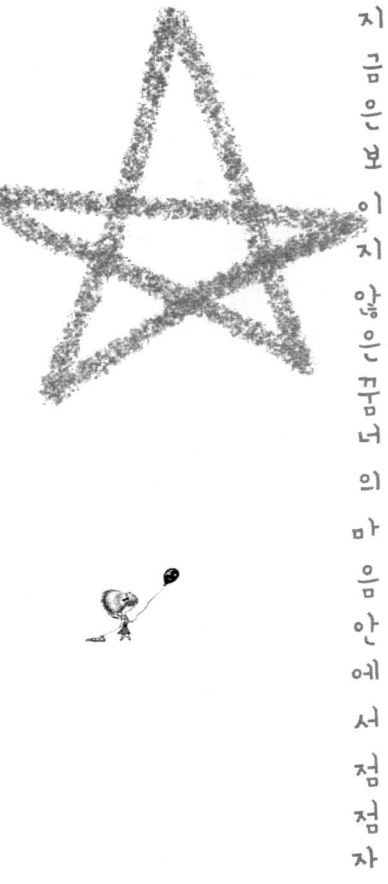

지금은 보이지 않은 꿈너의 마음 안에서 점점 자라

어하신다. 이런 식으로 하면 이도저도 안 되는데 왜 이러는지 모르겠다. 낼부터 다시 시작이다. 맘으로 다시 시작하자. 친구들이 연락 안 하는 건 나 때문이니까 내 갈 길을 착실히 가기만 하면 된다. 영미가 잘 되면 진정으로 축하해 줄 수 있는 그런 친구가 되자. 영미가 선물해 준 성경책이 공부하는 앞에 있으니까 마음이 편해지는 거 같다.

2001.07.18.

합격발표 날짜가 다가올수록 알 수 없는 긴장감이 생긴다. 영미한테 나에겐 특별한 이름이라는 식의 문자메세지 남겼는데 답변이 없다. 카레로 저녁 때우고 세법 들었다. 알면 알수록 유익한 공부이다. 최선을 다하고 그 다음은 맡기자. 가족들을 위해. 오빠한테 문자메세지 남겼다. 내일은 더 분발하자.

2001.07.19.

그냥 개의치 말고 새로운

2001.07.20.

인터넷 명단에 내 이름도, 영미도 없었다. 모두 떨어진 것인가? 어떻게 공부를 해야 하는가? 올라가 있다면 얼마나 들뜨고 좋을까? 꼭 내년을 위해 기대하는 가족들을 위해 투

당신은
여기를 떠날 준비를 하나요
왜 이리
하루하루 낙엽을 닮아가나요

함께 비를 맞고
함께 해를 맞이한 나날들
기억에 남겨두고
어디를 가시려 하나요

얼마나 슬플까요
당신이 떠나시면

 얼마나 외로울까요
당신이 떠나시면

나 오늘
홀로 앉아
당신을 그립니다

자하자. 새로운 맘으로 다시 시작하자.

2001.07.21.
아빠랑 오랜만에 조기에다 밥 먹었다. 반쪽짜리 믿음. 정성껏 기도드려 기적을 이뤄주신다면 예수님을 위해 살겠다 하시는 울 아빠. 기운이 없어 보이신다. 내가 할 수 있는 이 공무원이 안 되게 해주시면 어떻게 살라는 것인가? 정성껏 기도드리고 싶다. 저에게 용기와 지혜를 주시옵소서. 그리고 이루어 주시옵소서. 믿겠습니다.

.2001.07.22.
엄마가 공장 사람들한테 고졸 나왔으면서 테 이프도 못 튼다고 무시 당했나보다. 유혹 없이 열심히 하자. 언니가 호박 부침 해줘서 맛있게 먹었다. 권사님이 게장 가져오셨는데 끓이냐 그냥 먹냐로 실랑이를 버리다 언니가 웃기는 바람에 웃고 말았다. 역시 우리 집안의 꽃, 복, 우리 언니.

2001.07.23.
영미가 내가 보낸 메일을 읽었나보다. 슈렉 같이 보자고 연락이 왔다. 슈렉이 보고 싶어서가 아니라 나랑 영화 보고 싶어서인 줄 알고 나 또한 그렇지만 거절했다. 정말 좋은 친

56

나 지금 당신을 생각합니다
그러면
어느샌가
당신은 내 곁에 있습니다

나 지금 당신을 불러 봅니다
그러면
이내
당신은 내 마음 안으로 들어옵니다

내게
당신은 없지만
내게
당신은 있습니다

구가 되고 싶다. 오빠한테 내가 탈모 현상이 있다
고 하니까 걱정해 주니 오빠같다.

2001.07.24.
희애언니랑 오랜만에 통화했다. 내 코가
석자니 예전같이 여유로운 맘이 안 생
긴다. 눈에서 멀어지니 마음에서도
멀어진다는 게 사실인 거 같다. 카
레로 점심, 저녁 때우고 헌법 테
이프 하루종일 들어서 그런
가 머리가 띵하다. 단기적
으로 끝내자. 두드려라.
그러면 열릴 것이다.
영미가 내 이름을
불러주니 기분이
좋다.

2001.07.25.
어제와 똑같이
지냈다. 언니랑
잠깐이나마 얘기하
고 침대에 누워 잠을
청할 때가 하루 중 가장
편하고 행복하다. 든든한
나의 빽. 언니를 위해 그리고
가족들을 위해 오늘 하루 좀 열
심히 하려고 했는데 효율성이 없
었던 거 같다. 머리가 자꾸 띵하니
라디오로 달래보지만 더 짜증이 난
다. 잔잔한 노래를 듣고 싶다.

2001.07.26
영미가 밥 사준다 메시지를 늦게 보는 바람에
혼자서 짬뽕 먹고 있는데 집에서 페리카나, 수박

57

나 여기 이렇게 있는 이유는
나를 단련하기 위함이야

나 여기에 내던진 이유는
나 여기에 살아있음을 알리기 위함이야

울고있는 나를 보고
아파하고 있는 나를 봐

나는 아프지 않아
나는 울지 않아

나 여기에 있어
이겨보고 있는 내가 있을 뿐

나아가는 나
깊어지는 나
그런 내가 있을 뿐

먹으라고 오라는 바람에 갔다. 언니랑 목욕하고 오랜만에 '소문난여자'도 보고 얘기도 나눴다. 난 영미한테 미안하고 고맙다고 멜 남겼다. 거절하는 게 내 시험을 위해서인지 뭔지 잘 모르겠다. 그냥 초라해지는 기분이 든다. 이제는 혼자 있는 시간이 너무 익숙해져 간다.

피 터지게 공부해야 한다. 내 자신을 위해서 보다. 영미한테서 오랜만에 전화가 왔다. 목소리 들으니까 좋다. 근데 만나지 못해 안타깝다. 미안하다. 친구야!

2001.07.27.
아빠가 돌아가셨다 살아나시는 꿈을 꿨다. 슬펐다. 엄마가 열흘정도 돈 벌고 광주에 가신다고 한다. 불쌍하신 울 엄마. 아빠도 어디 나 가시지도 못하고 목소리에 힘이 없다. 그 분을 위해서

2001.07.28
오랜만에 주말인데도 독서실에 계속 있었다. 이젠 익숙해져야 한다. 언니가 내 취미 생활한다 생각하고 돈 투자하는 거라고.

나도 공부할 때, 티비 볼 때가 가장 마음이 편하다. 단기적으로 효율적이게 하자. 엄마가 광주 내려가신다고 언니한테 돈 타내시는 모습

얼마남지 않는 듯한
시간 앞에
이루지 못한 꿈 조각들이
널브러져
당신을 조이고 있나 봅니다

당신의 아픔이
전해옵니다

내 남아있는 시간을
당신에게 드릴 수 있다면
그렇게 조급해하지 않아도 될 텐데

저는
그저
무심한 하늘만 바라봅니다

을 보니 안쓰럽기도 하다. 꼭 시간을 때우는 게 아
니라 열심히 하자.

2001.07.29.
비가 많이 왔다. 언니랑 집에 계속 있었
다. 언니는 선천적으로 재능을 가지고
태어나고 난 후천적으로 발악한다
는 뉘앙스를 풍기는 말을 들으니
울컥 코끝이 찡해졌다. 내 운명
을 순순히 받아들이고 내가
할 수 있는 거 최선을 다하
자. 언니가 벌레 무섭다
고 좁은 침대에 끼어
서 자는 모습이 귀
엽다. 양보하고
내려와서 잤다.

2001.07.30.
엄마가 광주
내려가셨다. 비
가 오는데...
머리가 나빠도 노력
하는 자에게 돌아오는
것이다. 금의환향 해서 학
교에 돌아가야지 쪽팔리게
그냥 아무것도 되지도 않은 채
가는 일이 없도록 지금은 별로 재
밌지 않아도 그때가 내키지 않아도
내 할 일에 최선을 다하자. 경희언니
가 프리첼 커뮤니티 만들자고, 이젠 내
손으로 떠나보냈다. 왜 기다리느냐? 뭐를
기대하냐?

얼마나 멀리 있기에
나만을 따라오니

얼마나 서서히 다가오기에
이 가을
이 마음
서서히 물들이니

가을 들녘은 붉게 흘러가니
해 따라
내 마음 따라

2001.07.31.

늦잠을 잤다. 승은이하고 잠깐 통화하고 아빠한테 돈 타서 영풍에 책 사러 갔다. 객관식세법 정재연 저자 책이 있어서 다행이다. 생각보다 어려웠다. 노력을 하면 못할 게 없다. 주위에 현혹되지 말고 무작장 열심히 하자. 한 달간만이라도 공부에 즐거움을 느끼자. 항상 감사하면서 생활하자. 친구한테서 따뜻함을 구하지 말자. 믿음을 주시어 기도하게 하소서. 아픔을 주시지 마시고...

하는 데 주위에 흔들리지 말고 열심히 하자. 대여장학금 서류가 빠진 게 있다고 아빠가 동사무소까지 갔다오셨다. 언니랑 오랜만에 얘기도 나누고 티비도 보고 재미있었다. 더 분발해야 하는데...영미가 잘 지내 하니까 너무 멀리 있는 거처럼 느껴진다. 애. 우린 사실 참 가까이 있는데 말이야. 헤어질 때 아쉬움 때문에 만남을 두려워할 수는 없겠지. 통화할 때, 만날 때 그 짧은 즐거움보다 끊고 헤어질 때 아쉬움이 크다고 하니까. 이건 핑계이다. 돈이 없어서 자신이 없어서 그런 것이다. 하나님께 기도드렸다.

2001.08.01

언니가 심심하다고 일찍 오라고 해서 일찍 갔다. 공무원이 감축된다고

60

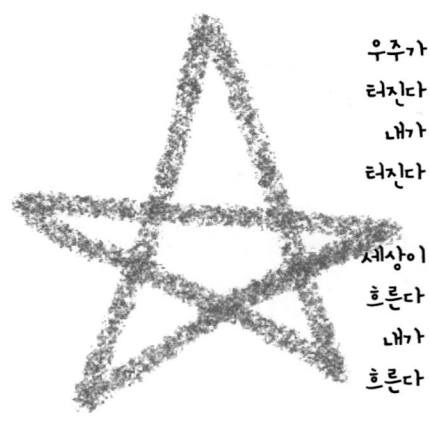

우주가
터진다
내가
터진다

세상이
흐른다
내가
흐른다

넘실넘실 출렁출렁
하늘 구름 지휘에 맞춰
세상 그리고 나
그렇게
울고 웃는다

들떠서 대여장학금 받는 줄 알고 그랬는데 아니어서 실망이다.

2001.08.02.
공부 좀 하려고 하면...언니랑 있으면 만사가 편하고 좋다. 근데 나중을 위해서. 편히 쇼핑도 하고 좋은 침대, 티비, 쇼파...

2001.08.03.
승은이한테 실망이다. 설문지 꼼꼼히 읽어보면 해줄 성도 싶은데 어렵다고 그냥 미안하다는 게. 엄마가 동네 아줌마한테 새벽 2시에 들어온다고. 친척 어느 보성이라는 사람은 강남에 에어컨 10대나 있는 학원 차린다고 나보고도 그렇게 하라고 하시는데 그냥 고개만 끄덕였다. 외할머니하고 같이 올라오신다는 말에 괜히 싫었다. 좁은 집에 어떻게 모시나? 아무리 자식이 많아도 소용이 없다. 늙으면 그렇게 천대받나?

2001.08.04.
아침에 외숙모한테서 전화 왔다. 외할머니가 밥을 못 드신다고 정말 그 광주 식구들 때문에 짜증이 난다. 아빠가 사업이 안 돼서 언니가

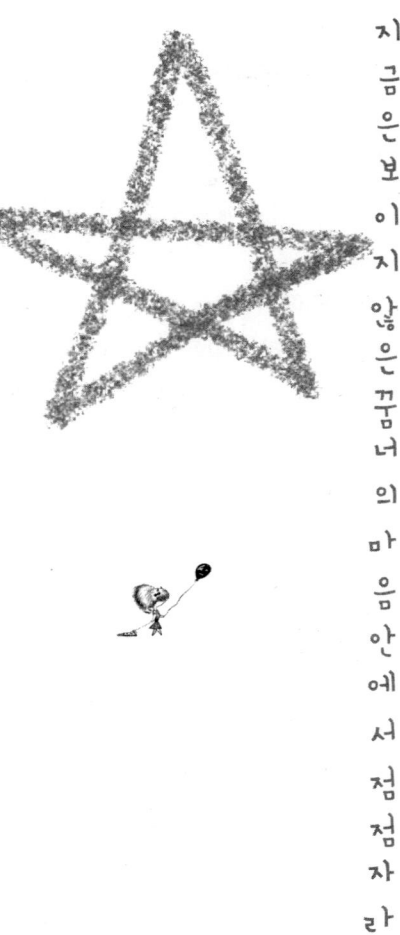

지금은 보이지 않은 끔녀의 마음 안에서 점점 자라

준 돈도 시큰둥하고 돈이 행복을 낳는다. 그 돈을 위해 나는 공부하는 것이고 꼭 성공할 것이다. 시험 핑계로 할머니 모시지 못한다는 게 싫다 오빠가 온다고 해도 별로 반갑지 않다. 아빠의 뒷모습이 축 처져있다. 언니가 물냉면, 오징어튀김 해줘서 맛있게 먹었다.

나 왔다. 내 목숨보다 소중한 울 언니! 언니랑 잼나게 살려면 내가 쓰러지는 한이 있더라도 열심히 해야 한다. 에어컨, 자동차 타면서 여유를 가지려면 지금 고생해야 한다.

2001.08.05.

막뚱아! 걍 하고 싶은 공부 맘껏 천천히 해. 언니는 막뚱이가 안 붙어도 울 막뚱이밖에 없응께. 울 막뚱 젤 좋아. 막뚱이는 취미생활(?) 하고 언니야는 그런 막뚱이랑 잼나게 살고.. 언니가 남겨준 메시지에 울었다. 그냥 눈물이

2001.08.06.

늦잠을 자서 좀 늦게 왔다. 짜장으로 점심, 저녁 때우고 공부했다. 영미가 음성 메시지 남겨 들었더니 보고 싶어졌다. 다시 듣고 또 듣고 싶었다. 참고 우선 한 달간만 열심히 하자. 노력 끝에 낙이 있다. 시간만 허비하지 말고 집중적으로 효과있게 공부하자. 내일은 점심, 저녁으로 라면을

61

미안합니다
미안합니다
보내지 못해 미안합니다
아직 마음에 남아 미안합니다

먹어야겠다. 배고프다.

2001.08.07.

엄마가 반찬, 밥 싸주셔서 일찍은 아니지만 서둘러서 나왔다. 제일 먼저 나오고 가장 늦게 들어가는 부지런한 사람만이 합격할 수 있다. 왜 어렵게 인생을 사느냐 묻노라면 내 운명이고 갈 수밖에 없는 길이기 때문이라고 말하겠다. 착한 언니를 가진 것만으로도 행복할 수 있는 나. 불행은 있을 수 없다. 다른 친구들을 통해 기쁨을 얻지 말고 식구들에게 그리고 하나님께 의지하자.

2001.08.08.

오래하는 것보다 집중있게 하는 게 중요하다. 계속 앉아 있었더니 허리가 아파 밖에 나가 걸었다. 고등학교 때 영미랑 걷던 그 길. 그때는 뭐가 그리 웃겼는지. 소중한 친구 그리고 추억. 그 기간이 중요한 게 아니라 누가 효율적이게 한 게 성패의 갈림길이다. 이해했으면 무작정 외우자. 영미가 보고 싶다. 인내해야 한다. 내가 잘 돼야 한다.

2001.08.09.

언니가 스카웃 제의(?)가 들어왔다고 고민인가

기차를 기다리며
너를 기다린다

하늘이 붉게 번져오는
겨울 새벽녘
저 떠오르는 태양을 마주봐

서로를 응시하는 시간
너의 붉은 눈빛에 취해

옛노래는 귓가에 들려와
뜨거운 커피 한 모금 마시며
너를 떨군다

기차는
이곳에 다가와
스쳐간다
한때 머물던 그곳

너도
나도
그곳에 없다

보다. 언니가 인기가 있어서 좋아보인다. 그런 언니를 둔 난 행복하다. 종로 보증보험 가서 인사 드린다고 하고 세법 서브노트 사가지고 독서실에 갔다. 오랜만에 학교 식당에서 언니랑 팥빙수 먹고 쫌 만난다고 또 헤어졌다. 참 착하고 좋은 언니! 나보다 더 소중한 울 언니가 좋다. 영미, 승은이. 내 주위 사람들은 내가 해준 만큼 똑같이 그만큼 온다.

신 가서 영미랑 오랜만에 메신저 하면서 나 휴학한다고 얘기했다. 내가 친구를 한 틀에만 가두고 있다는 생각이 든다. 우선 8월까지 7급 위주로 죽어라고 공부하고 9월부터는 본격적으로 9급에 매진하자.

2001.08.10.

언니가 쫌하고는 더이상 지속할 수 없다고 맘이 많이 울적한가 보다. 언니 심기를 편치 않게 한 자체로 죽이고 싶을 정도로 밉다. 성

2001.08.11.

언니는 석모도로 놀러 가는데 그 얘기 안 했다고 삐지시는 아빠, 돈 달라고 보채는 엄마, 앙탈쓰고 동생 놀러 가는데 질투(?)하는 오빠 틈에 껴있는 불쌍한 울 언니. 혼자서 돈 벌고 얼마나 힘들까? 조금이라도 부담

63

그렇지 않아?

흐르는데
막을 수 없잖아

다가오는데
막을 수 없잖아

떠나는데
막을 수 없잖아

흐르는 강물
떨어지는 눈
막을 수 없잖아

그저 바라볼 뿐
흐르는 시간따라
그저 담아둘 뿐
흘러가는 기억따라

을 덜어주고 싶은데 미안할 따름이다. 난 행복하
지 않아도 된다. 울 언니를 위해서라면 난 놀림
받아도 되고 죽어도 된다. 그런데 지금 내 모
습은?

2001.08.12.
교회는 안 가고 언니랑 있으니까 너
무 좋고 편하지만 왠지 외로움이
보이는 울 언니를 위해서 난 살
고 있다. 꼭 열심히 해서 그
생활이 별로 만족스럽지
못해도 난 나를 죽이며
살련다. 언니랑 같이
있으면 행복하다.
그 누구와 있는
것보다.

2001.08.13.
오빠한테 신경
질 내면 안 되는
데 괜시리 짜증이
난다. 혼자 편히 살 때
는 언제고 집을 사가는
데 또 혼자 살거나 보다.
우리도 오빠랑 사는 게 싫
지만...언니랑 놀고 있어도 맘
이 편하질 않다. 공부해야 하는
데...왜소증 걸린 자매가 나왔는데
열심히 사려는 모습이 보기 좋다. 영
미가 내가 쓴 멜 이해할 수 있다고 메시
지 남겨줬다. 고마운 친구…

2001.08.14.
성신여대 가서 언니랑 팥빙수, 떡볶이 먹고 언니

64

내 기억이 너를 기억해

너를 생각하니
너와 함께
이 강가를 거니네

내 세상
이곳에서
너를 생각하니
너는 내 곁에 그대로

다른 세상
그곳
너에게
내 기억이 흘러
너에게로

는 프리티 우먼 비디오 3층에서 보고 난 2층 가서 영미랑 메신저 했다. 오늘따라 할 얘기가 없었다. 길음으로 이사간다고 한다. 지연이가 은하라는 친구랑 넷이서 영화 보거나 놀이동산 가고 싶다고...나 많이 좋아하는 거 같다고. 놀러가고 싶은데 돈이 문제다. 엄마한테 슬리퍼 값으로 오천 원 줬다.

2001.08.15.

말복이라고 닭죽하고 참외도 먹었다. 포도 먹다가 목에 걸려 사레 들릴 뻔했다. 언니가 마지막 휴가일이다. 휴가 동안 쫑하고 헤어지고 많은 변화가 일어났나 보다. 아빠가 핸드폰 대용 이어폰을 또 발명한다는 소리에 괜히 답답해지고 싫었다. 같이 티비 보는데도 신경쓰이고 그냥 혼자 편히 지내고 싶다.

2001.08.16.

국사를 많이 꾸준히 했다고 생각했는데 척 답이 안 나오니 자신감이 없어진다. 외워도 까먹는 건 노력을 안해서 그런가? 신경질이 난다. 반찬없이 잡수시는 엄마, 아빠께 드리지도 못하고 낼름 오징어무침 싸온 게 맘에 걸린다. 죄송하다. 쓰러지면 안 된다. 일주일 놀고 머릿속에 남아있으면 천재다. 천재이고 싶다. 운이라도 있으면 좋겠다.

나 하루의 이슬을 먹고
나 하루의 바람을 느끼고
나 하루의 달을 보며
나 하루의 너를 생각하며
나
그렇게
살아가리라

그리고
다시 돌아가
그렇게
바라보리라

아... 좀 지친다.

2001.08.17.

공부는 장기전인데 잠을 덜 자서 그런가 머리가 멍하다. 조바심을 내서 그런가...누구의 메시지를 기다리는가? 운동도 하면서 공부하자. 건강이 최고다. 영미가 *^^* 홍박사라고 멜 보내줬다. 내가 합격하면 친구한테 속이는 게 된다. 삼선교도 이젠 추억의 장소가 되어 가는구나. 한진아파트도...이제껏 살아온 흔적이 그 친구와의 만남을 위해 존재한 거 같다.

2001.08.18.

독서실이 휴가다. 재정국어도 살 겸 종로에 갔다. 문제를 많이 풀어야 한다. 학교에서 정화 언니 만나 얘기했다. 희애 언니 때문에 운정관에서 한다는 소리에 참 인복이 없는 언니구나 하는 생각이 들었다. 냉면 먹고 티비보고...

엄마, 아빠, 언니를 위해...아빠 속옷업체 인터넷으로 찾아줬다.

2001.08.19.

언니 생일 때 라디오에 사연 보내 특별한 선물을 해주고 싶다. 항상 언니가 인기 많고 웃으면서

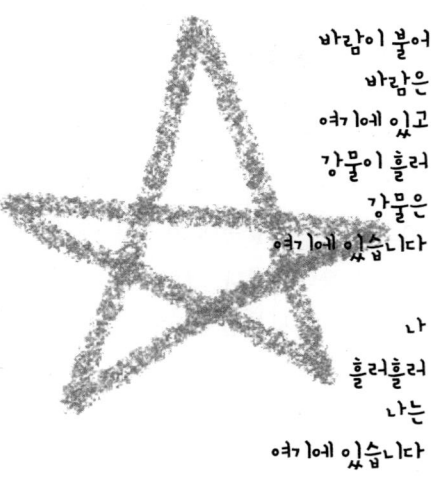

바람이 불어
바람은
여기에 있고
강물이 흘러
강물은
여기에 있습니다

나
흘러흘러
나는
여기에 있습니다

어제의 바람
어제의 강물
어제의 나

여기에 없습니다

생활하길…내 운명이라 생각하고 받아들이니까
덤덤하다. 행복하지 않아도 언니가 행복하면
그만이다. 오빠가 해준 것도 없이 나 합격한
거 바라고 돈만 아는 게 싫다.

2001.08.20.
한 것도 별로 없는데 날짜가 다가
올수록 불안해진다. 그런데 공부
는 잘 안 된다. 알면 더 하고 싶
을 때까지 끝까지 하자. 이렇
게 사는 거 좋아서 하는거
다. 지금이 행복할 수 있
다. 이보다 더 편히 공
부할 수는 없다. 조
금만 더 열심히
해야겠다. 오빠
가 자꾸 전화
가 와서…
모 르 겠
다.

2001.08.21.
언니가 @@ 때
문에 행복해하는
모습 보니까 나도
좋다. 난 언니를 통해
대리만족을 얻으니까.
머리가 아프다. 아빠가 옛
날 원단값 달라고 전화가 왔
나 우울하고 뛰쳐나가고 싶어
나한테라도 오고 싶었다고 하신
다. 오빠도 친구들도 외면한 채 제
길을 묵묵히 가려고 하는 게 좋은 삶
입니까? 언니가 전화 와 롯데리아에서
햄버거 먹으면서 얘기했다.

2001.08.22.
저녁 먹고 승은이한테 전화했는데 기운이 없는

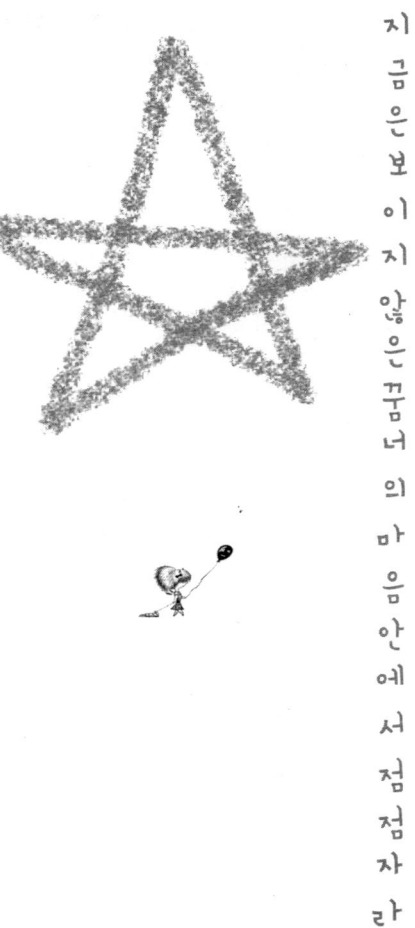

지금은 보이지 않은 꿈너의 마음안에서 점점 자라

목소리다. 늘 축 쳐져있는 친구에게 도움이 되는 친구가 되자. 오빠한테 전화하지 말라고 했더니 정말 한 통화도 안 온다. 미안하다. 언니가 정말 잘 돼서 늘 웃으면서 생활하기를 빈다. 이번 시험은 여유를 가지고 편히 보자. 몸도 생각하면서 공부하자. 항상 감사하는 맘으로.

2001.08.23.
6년이라는 시간동안 난 그 모습 그대로인데 리어커에서 떡볶이 파는 그 아줌마는 어엿한 가게에서 웃고 있는 모습에 고개가 숙여진다. 한 우물만 파면 뭔가 할 수 있다는 자신감과 함께 난 이제껏 뭐를 했나 회의도 들고 힘이 든다. 다시 태어나지 못할 바에 열심히 죽어라고 하자. 그날 하루는 힘들어도...아니 난 지금이 가장 행복한 것을 알고 있다.

2001.08.24.
영화도 보고 싶고 즐기고 싶다. 십년 뒤를 생각하고 열심히 하자. 언니는 내가 원하는 거 하고 있다고 생각하나 동생은 여러 생각으로 또 공부로 힘든데 아빠 워드 치는 거 대신 치라고 하니 속이 상하다. 언니가 조금 부럽다는 생각을 처음 했다. 열심히 하면 대가가 와야 하는데 이제껏

하얀 눈별이 쏟아진다

하늘에서
하얀 눈
내려와
내 마음에
내려와
하늘에서
하얀 별
내려와
내 마음에
내려와

눈별이 하나 되어
너나 하나 되어

하얀
눈별 아래
너의 이름을
나지막이 불러본다

제대로 된 것을 한 번도 받지 못해 자신감이 없어
진다. 그래도 하자. 누가 이기나 한번.

2001.08.25.
회계 중급을 이그잼에서 구입했다. 욕심
부리지 말고 이론만 습득하자. 칠월칠
석 언니한테 잼나게 놀라고 맛나는
거 안 먹는다고(테잎 사서) 그러
니까 토요일이니까 먹으라는
메시지에 그냥 눈물이 나왔
다. 나도 즐기고 놀고 싶다
는 생각. 그래도 앎의 즐
거움을 누리고 최선을
다하자. 독서실에
계속 앉아 있었
다.

2001.08.26.
언니가 테잎
샀다고 신경질을
냈다. 엄마는 돈 달
라고 하고 언니를 부
모처럼 여기는 게 부담
스러운가 보다. 계속 눈물
이 났다. 난 아낀다고 친구도
멀리하고 마지막 끈이라도 붙
들고자 하기 싫은 공부지만 노력
한다고 했는데 동생 맘도 몰라주고
서러웠다. 눈이 붓도록 계속 울었다.
뭐가 그리 서러운지...언니가 미안하다
고 성신 가서 만화(베르사유 장미)보고 인
터넷 했다.

한 시간 하루를 더 살려고
우유를 마셨네
어제와 다른 따뜻함을 느끼려고
겨우 걸어가 안겼네

무엇을 잘못 했습니까
태어남도 내 잘못이 아니요
선택받지 못함도 내 잘못이 아닌데
누구에게 그 이유를 물을까요

별이 다시 데려갔나
별이 되어 돌아갔나
아가야
이 세상 잊고
훨훨 날아
빛나는 너가 되렴

지켜주지 못해
너의 세상으로 못 들어가
미안해

2001.08.27.

아침에 은행에 들러 공과금을 냈다. 점점 내 자신에 대해 알아가고 자신이 없어 하는 게 싫고 살아갈 날들이 겁이 난다. 핸드폰 정지시켰다. 오는 친구도 없고 그냥 닫고 싶다. 혼자 있을 때 당당해지는 나. 성격을 고치려 하지 말고 나를 사랑하자. 부담없이 공부하고 즐기면서 살자. 공부를 즐기자.

2001.08.28.

영미한테 정말 미안하다. 매번 거절하고 많이 실망했을거다. 나도 보고 싶고 그런데 당당해지고 싶다. 밥 사준다고, 영화 보자고, 시사회 티켓 생겼다고...하나님! 도와주세요. 이렇게 성의 없이 쓰면 안 들어주실거다. 언니가 재미나게 지내는 게 보기 좋다. 여행 가고 싶다. 누워서 밤하늘 보고 싶다. 영미야! 정말 미안해.

2001.08.29.

사는 게 아니다. 아무리 나중을 위해서라고 하지만 힘이 든다. 지친다. 놀고 싶다. 지금 옆에 학생이 테이프 신승훈 거 듣고 있다. 참 좋다. 평범하게 살고 싶다. 즐기면서 살고 싶다. 참고 해야 한다. 나중을 위해서...내가 원하는 삶이 아닐지라도...지금 행복

당신이 사는 세상은 안녕하신지요
그 날 그 시간
난 잠시 그 세상에 있었는데
나는 지금 내 세상에 있습니다

저 살얼음 강물 위
노니는 오리는
내가 보는 저 강 위의 세상

우리는 다시 만날까요
어제의 강은 어제의 강
오늘도
내일도
다른 세상으로
다른 인연으로
만나겠지요
내가 만났던 사람
그 세상
그 시절
안녕

하다. 맘껏 공부할 수 있으니까 공부할 수 있는 때 하자.

행복해 하자.

2001.08.30.
인생에 있어서 속도가 중요한 게 아니라 방향이 중요한데 그 방향조차 모르니까. 누가 이 길로 가라 인도해 주었으면....아~~
영미가 밥은 먹었니? 하고 참 살갑게 문자를 남겨주니 맘이 따뜻해진다. 지금 잘못 가고 있다고 말씀해 주세요. 멈추고 싶어. 근데 해야 한다. 희애 언니가 시험 잘 보라고 연락이 왔다. 난 껍데기로 살아간다. 그러나

2001.08.31.
머리도 아프고 허리도 안 좋아 집에 일찍 들어갔다. 언니가 행복해 보이는 게 나도 좋다. 부럽기도 하지만 내가 넘을 수 없는 거에 너무 마음 아파하지 말고 그냥 내게 주어진 길을 묵묵히 가야겠다. 승은이가 시험 잘 보라고 전화 왔다. 난 이렇게 사는 거다. 내가 행복하지 않아도 주위 사람에게 줄 수 있는 기쁨으로!

2001.09.01.
합격하면 불쌍한 사람들을 도우면서 거기서 기

70

햇살을 타고
하늘에서
별들이 내려와
강물에서 노니는구나

이 별 반짝반짝
저 별 반짝반짝
어느새 내려와
술래잡기 하네

나도 덩달아
숨은 별을
찾아
같이 노닐고파

강한 햇살 아래
흐르는 강물 위에

쁨을 얻으면서 살면 행복한 것이다. 점점 사는 게 겁나고 어렵지만 하나님께서 내게 주신 특별한 선물이라 생각하고 주어진 시간, 기회에 최선을 다하자. 내일 일은 내일 걱정하자. 하나님! 이번에 희망만을 주십시오! 할 수 있다는 자신감과 믿음을...

공부할 때가 가장 행복하니까 그 행복을 만끽하자.

2001.09.02.

시험을 봤다. 처음에는 실수하고 떨렸는데 내가 제대로 공부 못 한 과목을 빼놓고 제대로 풀었는지...그래도 자신감은 생겼다. 7급은 할 수 있다는 자신감 그리고 그 수준에 맞게 문제만 풀어도 확실...외우면 된다. 지금

2001.09.03.

아빠 사이트 찾아주고 독서실에 책상 정리했다. 승은이 학교에 가서 식당 냉면 먹고 과자 먹으면서 얘기 나눴다. 참 많이 힘들어 보인다. 기쁨이 되는 친구로 남고 싶다. 영미가 선물해 준 핸드폰 줄이 없어졌다고 하니 영미가 다음에 다시 사준다고 ^^ 빈말이라도 고맙다. 언니한테 생일 축하 편지 썼다.

한 발 한 발
걸어가면 닿을 수 있나
하루하루
지나가면 만날 수 있나

머나먼 길
바라볼 뿐
닿을 수 없는 지평선

하늘과 땅 사이
그 길을
오늘도 걸어간다

2001.09.04.

오전에 컴활 접수하러 시청역, 내가 옛날에 일했던 상공회의소 빌딩 앞 건물에 갔다. 서울역까지 걸어 나와 김밥으로 요기했다. 학교에 가서 학술재단장학금 받고 7급 문제집 좀 본 다음 조안언니랑 오랜만에 순두부찌개 먹었다. 곧바로 영미 만나서 늦게까지 얘기했다. 참 우월한 상상을 많이한 친구. 날 만나려는 내 제일 좋은 친구. 학적과 친절한 그 언니한테 음료수 주려고 했는데 전해주지 못했다. 하루 보내고 교회 봉사 활동도 하길 마지막 문자 메시지를 남기고 핸드폰 해지시켰다. 이젠 친구도 버렸으니 더 열심히 해서 합격하는 길밖에 없다. 언니가 회사에서 스트레스 받나 돈 썼다고 신경질을 냈다. 난 딴 데 쓴 건 하나도 없고 오직 공부할 것밖에 안 썼는데… 참 이해를 해야하나… 지금이 가장 행복하다. 공부를 마음껏 할 수 있어서.

2001.09.05.

무진장 영미를 좋아해서 미안해. 이 말밖에 핑계댈 게 없구나. 매일 좋은

2001.09.06.

아빠가 거의 막바지로 찬스쇼핑에 사업 제휴차 메일 보내 달라고 해서 보내줬다. 언니랑 말

72

바람이 강물에게 손짓을 하네
어서와 어서와

바람 따라 강물이 간다
왼편에서 오른편으로
위에서 아래로

바람만 아는
그곳은 어딜까

손을 가만히 들어
바람을 느끼네
너의 생각
너의 마음

해본 지도 오래된 거 같다. 언니가 카드 다시 가져 가라고...미안하다. 공부하는데 자꾸 영미 생각이 문득문득 들었다. 이젠 시간이 흐르고 그러면 무뎌지겠지...나쁜 기억은 생각하려고 하니 없어 안타깝다. 서점에 가서 노래 들으면서 책 보니까 넘 좋다.

싶다. 매일 도시락 싸 주시는 울 엄마를 위해... 나를 부수고 거기서 행복을 느끼면 좋고 힘들다고 생각지 말자.

2001.09.07.
아빠가 안쓰럽다. 중소기업 알아본다고 언니가 한숨 쉬니까 기가 죽으셨나 웃으면서 수그러 드시는 게 맘이 아프다. 잘해 드려야 하는데 나도 모르게 통명스럽게 대한다. 꼭 열심히 해서 아**빠의 부담**을 덜어 드리고

2001.09.08.
삶과 죽음은 너무 가까이 있는 거 같다. 신호등을 기다리면서 한 발짝 나가면 죽음이라는 생각을 했다. 경희언니 목소리 오랜만에 들으니까 좋다. 모든 이들은 언젠가 떠나간다. 이젠 익숙해져야 한다. 오후에 김원희 방송 들으니 영미와 같이 공감한다는 자체로 좋다. 주말에는 기분 전환 겸 듣고 싶다. 난 사람보다 성공을 좋아한다. 감성보다

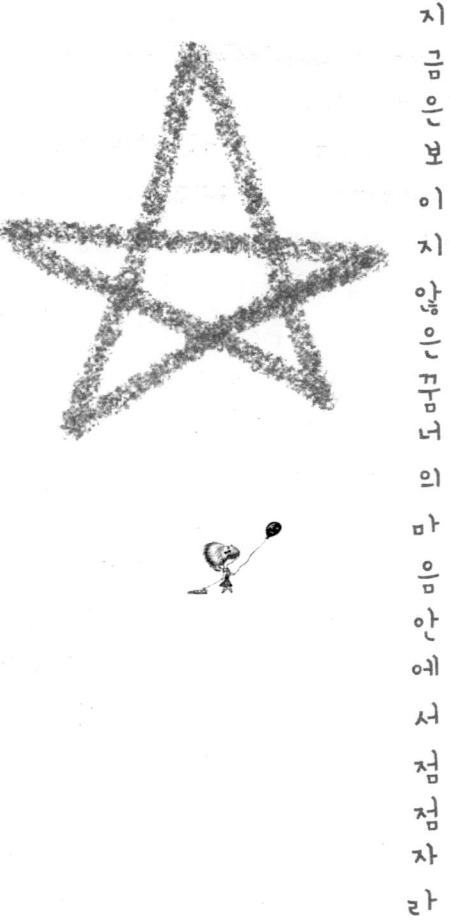

지금은 보이지 않은 꿈너의 마음안에서 점점 자라

이성을 쫓고 싶다.

2001.09.09.
언니는 친구 만나러 가고 나는 독서실로 갔다. 아빠가 쪽지에다 부탁한다는 '잉'이라는 말에 피식 웃음이 나왔다. 참 정을 많이 주시는 거 같다. 영미, 승은이한테 메일 썼다. 핸드폰 없앴다고...이젠 모두 안녕이다. 말을 전했으니 내 할 도리(?)는 했으니까 집중해서 해야 한다. 내일부터 또 시작이다.

2001.09.10.
또 새로운 한 주가 시작됐다. 아빠가 별로 중요 하지 않는 걸로 독서실에 전화해서 짜증을 냈는데 후회가 됐다. 입장을 바꿔 생각해보니 죄송해서 전화드렸다. 즐겁게 공부하자. 지금 짧게 공부해서 평생을 누구에게 의지함 없이 살려면 지금 발악해야 한다. 사는 건 다 이런 것이다. 쌓이다 보면 실력이 되는 것이다. 조금씩조금씩.

2001.09.11.
막상 전화를 걸려니까 전화하고 싶은 사람이 없다. 난 안다. 지금 잠시 편하고 그래도 내일이 더 힘들어한다는 거. 누가 이기나 해보자.

73

기차를 탄다
세월을 탄다
멈출 수 없는 시간

바람이 스치다
풍경이 스치다
인연이 스치다

기차는 멈춘다
기억이 내린다

바람에 실려
하늘로 하늘로

까먹어도 또 보고 또 보자. 유승준이 라디오에 나왔는데 참 성격도 좋고 교회 다니는 것도 좋아 보인다. 고상하게 늙기 위해서는 지금 행복해 하면서 공부하자. 항상 감사하면서 친구 보고싶어 하지 않게 해주소서.

2001.09.12.
미국 테러가 일어나 쌍둥이 빌딩이 폭발됐다. 아침에 밥 먹고 늦게 일어나 영미랑 메신저 재밌게 했다. 저녁 먹고 영미네 근처 공터에서 배드민턴 치고 얘기 나눴다. 공이 어디 옥상으로 올라가는 바람에 영미가 쓰레기통을 밟고 가져왔다. 알게 모르게 자랑하는 영미가 밉상스럽지 않고 정말 좋다. 그런데 난 내가 처지는 게 싫다. 운전면허도 따고 싶고 그 누구보다 앞서가고 싶다. 그뿐이다. 그리고 그 친구는 떠나간다.

2001.09.13.
경희언니가 상견례하고 연말에 결혼한다고 한다. 정말 놀랍다. 영미랑 메신저하는데 옛날에 참 잘 나갔던 친구와 많이 닮았다는 생각을 했다. 혈액형도, 별자리도...근데 모두 경희언니처럼 떠날 사람이다. 언제나 마음이 허할 준비를 하고 있어야 한다. 너무 느슨해진 거 같다. 일년에 끝내려면 지금처럼 해서는 안

74

어김없이 바람은 스쳐
벚꽃은 피어나는데
도대체
무엇을 품어야
빛이 나나

오늘도
별은
어둠 속
바람이 차다

된다. 꼭 일 년 안에 끝내는 거다.

2001.09.14.
영미랑 저녁에 선선한 바람이 부는 가운데 두 시간 동안 얘기했다. 여행가고 외국에서도 몇 년 동안 살고 싶어 적금 붓고 있다고 한다. 결혼에 대해 생각이 있는 건지 아니면...그래도 그냥 내 주위 사람들이 평범하게 살았으면 한다. 언니도 그렇고...그치만 내가 외로울 거 같다. 찬 공기 속에서 얘기를 했더니 목이 칼칼하니 아프다. 우이동에 우리 언니랑 MT가자고 하는 모습 너무 좋다. 큰일이다.

2001.09.15.
감기에 걸렸다. 언니 생일이어서 편지를 줬다 언니가 출근하는 길에 읽고 울었다고 하는 말에 나도 울컥하니 목소기가 떨렸다. 또 늦잠 자고 테이프 사러 종로에 가서 교환했다. 언니는 돌집 간다고 조금 늦게 들어왔다. 오랜만에 언니랑 티비 보고 좋았다. 영미가 고등학교 때 당당한 친구였다. 그래서 그게 걸리는 것인가? 보고시포하고 멜 남겼다.

2001.09.16.
언니는 친구 만난다고 보라매공원에 가려고 김

75

푸르름이 좋다
푸르른 향기가 좋다
나무에서 부는 바람이 좋다

나무를 보며
바람을 느끼며
노랫소리 들으며

가끔
고개를 들어 하늘을 보고
가끔
고개를 숙여
허둥지둥 지나치는 개미를 본다

밥, 부침개를 싸 가지고 가을을 느끼러 갔다. 난 나만의 공간으로 들어갔다. 언니가 집에 가는 길에 어김없이 독서실에 들러 같이 빵 사들고 갔다. 아빠가 아줌마라고 놀려대는 바람에 피식 웃었다. 어리다는 이유만으로, 순진하다는 이유만으로 해를 당한다면 그 누구도 용서할 수 없다. 꼭 성공해서 당당히 복수할 것이다.

2001.09.17.
꿈에서 영미는 내 자리에서 멀리 앉아 있었다. 그리고 당당한 모습 그대로였다. 책을 찾고 있었다. 다르다...다르다고 자학하지 말고 받아드리고 그것을 기회로 일어서자. 그리고 용서하지 말자. 그래서 영미를 떠나보낸다. 아빠가 찬스쇼핑에 다녀왔나 보다. 얘기를 안 하는 거 보니 또 안 풀렸나 보다. 이 한국을 떠나고도 싶다. 그치만 그치만...

2001.09.18.
영미랑 메신저 했다. 지연이가 놀러 가자고. 영미는 대공원에 가서 동물 구경하고 싶다고 한다. 젊을 때 나도 놀고도 싶고 어디에 맞춰야 할지 모르지만 돈도 없고 참아야 한다. 항상 웃으면서 일하시는 그 떡볶이 아줌마, 영미를 생각하면 절로 웃음이 나

76

인연이 바람따라 흘러가네
바람아
너는 아는가
나의 인연
시작과 끝을

꿈이 별따라 흘러가네
별아
너는 아는가
나의 꿈이 이루어가는지

온다. 엄마가 아침에 콩나물국 얼큰하게 끓여 주셨다. 아빠 일 기대는 안 하지만 아빠가 안됐다. 남들처럼 점심에 뜨뜻한 국, 밥 드셨으면 좋겠다. 오빠는 이사간다고 한다.

2001.09.19.
일기를 다시 읽어봤다. 공부를 했는데 남들 놀 때 같이 행동한 거 같다. 제대로 공부한 적이 별로 없다. 아침에 늦게 일어나고 결국 다 놓쳐 버리게 된다. 젊음도 그 대가도 모두...젊음은 비싸다. 하루는 비싸다. 일분 일초를 헛되이 보내지 말고 분발하자. 승은이랑 놀러가는 것도 보류다.

그런데 이가을을 그냥 보내고 싶지만은 않다.

2001.09.20.
영미가 시사회 응모해서 영화 같이 봤으면 좋겠다 하며 멜이 왔다. 엄마가 합격 발표 언제냐는 물음에 성의없이 대답한 게 맘에 걸린다. 국어 테잎 모두 샀다. 아빠, 엄마가 계실 때 잘해드리자. 내 자신을 사랑하자. 남의 눈을 의식하지 말자. 난 다르다. 다르니까 축복받은 것이다. 조금만 더 무섭게 공부하자. 쓰러지는 한이 있더라도.

77

아스팔트 위에
나비가 쓰러졌다
아등바등 이리저리
비틀다

그저 바라볼 뿐
그저 지나칠 뿐

하늘에서 내려와
땅에 닿았을 뿐인데

꽃이여
다가가 주려무나
바람이여
손잡아 주려무나

나 또한
너와
잠시 머물다
돌아갈게

2001.09.21.

언니가 교육 땡땡이 치고 찾아왔다. 순두부 먹고 옷, 신발 구경했다. 컴퓨터로 메신저하다가 나서는데 이가영선생님이 오시는 게 아닌가 나 찾았다고 하신다. 연락도 안 되고...연락 주신다고 하시는데 넘 기뻤다. 집에 일찍 들어와서 영미, 경희 언니한테 멜 남겼다. 코스모스를 좋아하는 영미, 하나라도 잊지 않으려는 친구 알아달라고...

2001.09.22.

폭력 남편 티비를 봤다. 죽을 정도로 맞고도 보복이 두려워 이혼도 못 한다는 그 여자. 멀쩡하게 남들한테는 잘 하고 안에서는 돌변하는 남자...이들을 이기고 싶다. 내 자신을 사랑하자.

영미랑 메신저 했는데 별로 기분이 좋지 않아 일찍 끝냈다. 직접적으로 표현 안 하는 친구. 그 때문에 좋아한 거 아니었는가? 시간을 죽이지 말고 집중 있게 하자.

2001.09.23.

언니는 친구 만나러 가니 내가 마음에 걸린다고 하며 김밥, 라볶기 시켜줬다. 뭘 해달라고 손을 내미는 게 좀 어렵게 느껴진다. 별것도 아닌데 혼나시는 엄마가 안 됐다는 생각

78

떨어졌다
툭

내 마음이
툭

글이
툭

네가
툭

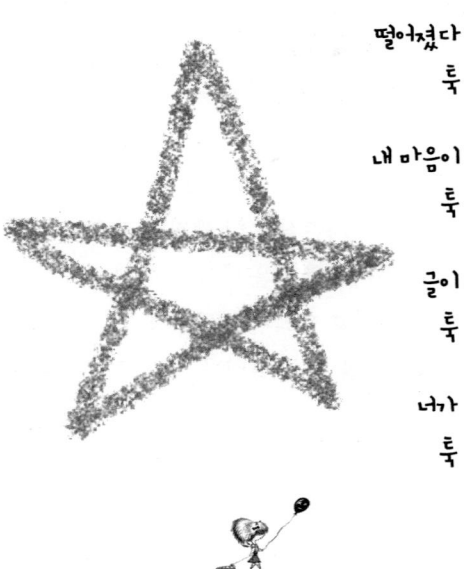

과 그냥 나가서 혼자 편히 살고도 싶은 생각. 비디오도 보고 맥주도 마시면서 편히 지내고 싶다. 그러기 위해서는 지금 공부해야 한다. 어려운 시험인 거 안다. 그래도 최선을 다하자.

2001.09.24.
돈이 없어 자존심이 더 쎄진다고 승은이, 영미한테 멜을 남겼다. 어제 엄마한테 빵 드리지 못하고 혼자 먹은 게 맘에 걸린다. 좀 더 분발해서 기쁘게 해 드리자. 합격해서 착한 일 하면서 사는 그런 상상을 해봤다. 그리고 학교 복학해서 자랑한 장면도... 행복하다. 편히 공부할 수 있어서. 하루하루가 빨리 그리고 편하게 지나간다.

2001.09.25.
영미가 밉다. 편지도 꽤 있고 차마 버릴 수 없어 싸들고 가기로 했다고? 나와는 다르니까 이해를 한다고 하지만 그래도 섭하다. 이삿집센터에서 왔는데 손놀림이 빠르다고? 우리집은 손수 싸서 바리바리 싸들고 갔는데 너무도 다르다. 부럽다. 돈이 풍족한게...그래서 이젠 싫다. 나와는 다르니까 상대적 박탈감, 빈곤감이 느껴져서....기출문제를 철저히 분석하여 쓸데없는 공부하지 말자. 학문을 위한 공부가 아니라 시험을 위한 공부!

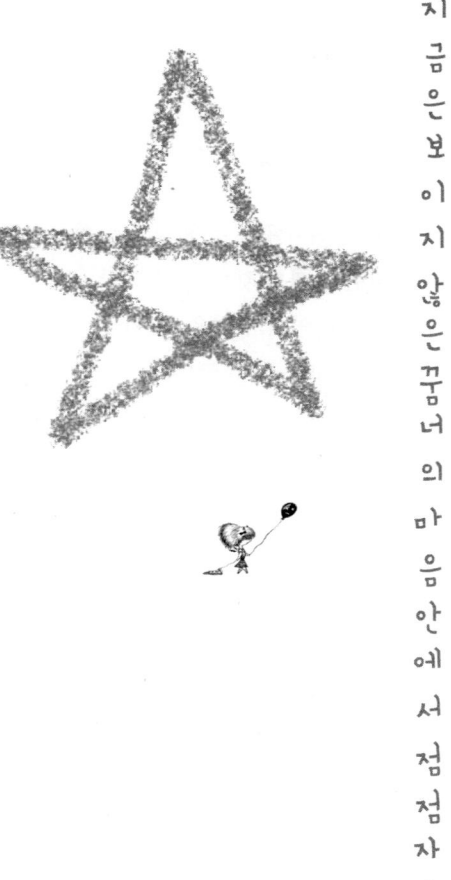

지금은 보이지 않은 꿈너의 마음 안에서 점점 자라

2001.09.26.

경희언니 만나러 종로에 갔다. 영풍에서 책 보고 샌드위치도 사가서 콜라랑 맛있게 먹었다. 돈이 없다고 해서 사갔지만 아깝지 않았다. 퍼즐 맞추기도 하고 책도 봤다. 알바하는 데서 돈을 일부 가져간다고 열 받나보다. 언니가 회사에서 소개 시켜 주겠다는 말을 아빠께 했나 무척 속상하신가보다. 영미가 가을 속 가로수길 사진을 보내주면서 이 길을 걷고 싶다. 너와 함께. 메일을 보내줬다.

2001.09.27.

언니가 공과금 내라고 시킨 거 은행에 들러다 처리했다. 잠을 뒤척이면서 자 서 그런가 몸이 별로 안 좋다. 아....힘이 든다. 이 글씨를 쓰는 거조차 힘이 든다. 만사가 귀찮다. 하나님! 그만 저에게 시련을 주세요. 지쳐갑니다. 울고 싶어진다 말이에요. 붕 떠 있는 기분이 든다. 어질어질 쓰러질 거 같다. 왜 이렇게 사는가?

2001.09.28.

승은이 만났다. 그전에 영미랑 메신저하고 점심에 이가영선생님을 뵈었다. 갈 때 시큼한 메실 음료수 한 캔 사들고 올라갔는데 안 계셨다. 교보에서 보기로 한 약속을 바꿔 스파비

79

석양이 강물에 그림을 그리네
나를 따라
내 눈길따라

어제 기억은 바람결에 흩어지고
어제와 같은 하루 속 불빛
어제와 다른 바람은 나를 스치네

나 또한 바람되어
너를 스치다
내 기억을 찾고 싶네
흐릿해진 기억 너머 있는 나

에 가서 스파게티 먹었다. 별로 맛은 솔직히 없었지만 공부하는 제자 챙겨 주신다고 키위쥬스도 사주시니 너무 고맙고 좋았다. 우울했던 마음이 가라 앉았다. 저녁에 승은이 학교 근처 석계역에서 맥주 마셨다. 처음으로 같이 마시는 거라 새로웠다. 나도 모르게 엄마 얘기를 하다가 눈물이 나왔다. 매콤한 쭈꾸미 시켜 술보다 물을 더 많이 먹었다. 이렇게 사는 게 사는거구나. 청산에 살고 싶다라는 생각이 쏙 들어갔다. 열심히 해서 꼭 이루리라.

2001.09.29.
추석...경아, 이가영선생님께 멜 남겼다. 나를 과 사무실 많이 찾으러 온다는 선생님이 말에 기분이 좋다. 사람 사이에서 기쁨을 얻는구나.

2001.09.30.
언니랑 부침개 준비했다. 배도 아프고 언니가 집에 있으니까 아무것도 하기가 싫었다. 방에 벌레가 나와 어제는 하루종일 방 청소했다. 침대 밑이며 구석구석...하고 나니 개운하긴 했다. 그냥 편하게 살자. 얽매이지 말고...

2001.10.01.
오빠가 와서 부침, 송편만 먹고 갔다. 참 여유로

80

스치는 바람에
나무는 흔들린다

막을 수 없으니
붙잡을 수 없으니

나무는
그저
눈을 감는다
나무는
그저
바람을 본다

이제
바람이
거기 없으니
시간이
스친다

워 보이는데 언니와는 다르다. 송편도 먹고 티비도 보고 편한 휴가를 보내는데 한편으로는 불편하다. 공부를 해야하는데...

2001.10.02.

언니는 친구 만난다고 가고 나는 독서실도 문 닫히고 갈 곳을 몰라 영미가 이사했다는 길음역에서 내려 전화하는데 안 받고 해서 은영이한테 연락해 놀러갔다. 참 외로움을 많이 타는 친구다. 나도 그렇지만. 영미 연락처 알려줬다. 집에 와서 컴퓨터 엑셀 연습했다. 밑에서 생일 파티 하나 시끄러워서...인간은 저렇게 어울리면서 지내는구나...

2001.10.03.

참 오랜만에 독서실에 왔다. 언니랑 성신에서 라디오 들으면서 얘기하다 라볶이 먹고 헤어졌다. 영미가 보고 싶어 전화를 했는데 발신지역 외에 있나 안 받는다. 성신여대 93학번 공인회계사에 붙어 현수막이 걸린 거 보니 부럽게 느껴졌다. 나도 그 시험에 맞게 분발해서 꼭 자랑스런 동생, 친구, 딸이 되리라. 학교에 오니 희애언니 생각이 문득 들었다.

81

해가 나를 스치다
나는 너를 스치다

달이 나를 스치다
나는 너를 스치다

나
너를 스치다

나야
나
모르겠니

스치는 족쇄
흐르는 존재여
안녕

2001.10.04.

영미랑 동대문 갔다. 비가 주룩주룩 오는데 반나절을 돌아다녔다. 거의 20~30만원가량 샀는데 그냥 같이 따라 다녔다. 이런저런 옷을 걸쳐 입어보는 영미가 귀엽다. 믿음이 가는 친구. 갔다오니 집에 아무도 없어 언니랑 실컷 티비 보고 재미있었다. 언니는 친구랑 맘껏 통화하는 모습을 보니 좋았다. 영미 또 만나 노래방도 가고 좋았다. 아무렇지도 않을 듯 해도 자기 몸에 어울리지 않은 옷을 사서 속상했을게다. 솔직한 영미가 보기 좋다. 어제 봐도 오늘 봐도 또 보고 싶은 내 친구 영미가 난 좋다. 아빠가 엄마한테 신경질 낸 거 언니한테 말하지 말라고...^^

2001.10.05.

경희언니랑 통화했다. 내가 시험에 붙어야 공부할 수 있다고 빨랑 9급을 위주로 합격하고 싶다. 어제 두타에서 산 니트 바꾼다고

2001.10.06.

영미한테 디따 많이 좋아한다고 메일 남겼다. 오늘도 만나서 놀러 가고 싶었지만 내일 시험이라 참고 독서실에 와서 공부했다. 9급 시험도 얼마 남지 않았다. 정리 잘하고 부기

82

짹짹 짹짹
새벽녘 새소리
꿈속 문을 두드리며
이내
이곳 내 세상에 퍼진다

짹짹 짹짹
똑똑똑

너의 세상이
나에게로 온다

새소리가 넘실넘실
내 세상으로

새 아침이야
어서 일어나
오늘도 너와 함께 시작해

새소리와
잠시
이리 뒹굴
저리 뒹굴

열심히 해야겠다. 그냥 하루하루 편히 살고 싶은데 힘들거 같다. 우선 이번 달에는 국어, 부기 위주로 공부하고 영어도 병행하자.

2001.10.07.

컴활용 시험 보러 미아리고개를 지나가는데 그들이 앞날을 예측한다는 게 모두 먹고 살기 위해서, 목사님이 설교하시는 진정한 의미는? 엄마가 제대로 아빠께 사랑 못 받으시고 당신이 하고 싶고 듣고 싶은 거 못 듣는 생활이 못내 안쓰럽지만 아빠의 인생 또한 불쌍하시다. 빨랑 공부 끝내고 놀자. 해 왔던 공부 위주로 복습하고 또 복습하자.

2001.10.08.

부기를 풀어보는데 휴~막히는 게 많아 짜증이 나서 희애언니한테 물어보러 갔는데 괜시리 짜증을 내는데...오랜만에 효원이 만나 정화언니랑 떡볶이 먹었다. 참 귀엽고 순수한 동생이다. 영미가 여행계 하자고 메일이 왔다. 나도 가고 싶다. 영미랑 매일 같이 다니고 싶다. 하지만 참아야 한다. 공무원에 대한 환상은 없다. 단지 생존이다.

83

빛이
소르르소르르
다가온다

음악이
스르르스르르
흐른다

빛 가득
음악 가득

텅 빈 공간
가득 차오른다

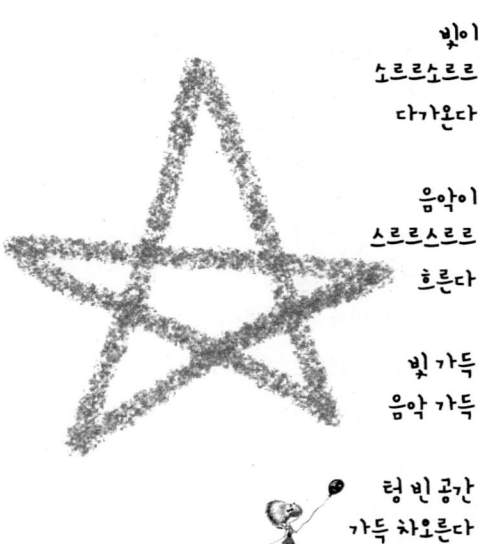

2001.10.09.

비가 주룩주룩 왔다. 체했는데 우산은 없고 가슴이 조여드는 게 아팠다. 역시 공부도 체력이구나. 아빠한테 나오라고 해서 공중전화 박스에서 기다리고 있었다. 언니는 회사에서 찢어 먹는다는 기분이 들어 속상했나 보다. 언니가 친구 스티커 사진을 보여줬다. 그냥 멀리 느껴진다. 문제집을 많이 풀어봐야 한다. 틀린 건 체크하고 반복이 중요하다. 후회를 하지 말자.

2001.10.10.

비는 계속 와서 영미랑 메신저 오래 했다. 표현하고픈 얘기는 표현하면서 돈독해지자. 영미 엄마가 취업 재수생이라고 혼났나보다. 나도 엄밀히 따지면 그렇지만. 지혜가 연락할 수가 없다고 멜로 연락이 왔다. 나랑 메신저 하면서 얘기하면 여행가고 싶다고… 나도 그렇다. 하지만 참아야 한다. 좋은 친구를 둬서 난 행복하다. 자꾸 '고망'이라는 말을 본인이 만들었다고 쓴다. 아빠가 옷걸이 만들어 주셨다.

2001.10.11.

조그마한 아픔, 쓰러져 넘어지지 않을 정도의 절망, 슬픔을 주시어 돌보게 하고 다지게 해 주시어

84

아침마다
내 발이 치이는 개미
빨리 피하란 말이야
나 일하러 가야해

개미
그리고 나
우리는 어디로 가는가

소행성이 지구에 부딪치려 한다

누구의 뜻인가
숨지 말고 나와봐

좀

감사합니다. 견딜 수 없을 정도의 아픔, 절망은 주지 마시고 감사하는 맘으로 저를 돌볼 수 있게 해주시옵소서. 만남을 확신하는 지금의 헤어짐은 기쁨이고 행복입니다. 조금의 더해가는 절망은 살아갈 수 있습니다. 그리고 덜어지면 기쁨도 누립니다. 하지만 행복 속에 갑자기 찾아온 절망에는 쓰러집니다.

경희언니...연락하면 언제든 만날 수 있고 놀 수 있는 친구들이지만 참아야 한다. 언니가 괜시리 짜증 섞인 목소리로 말하는 거 같아 기분이 안 좋다. 스트레스 받을게다. 열심히 해서 꼭 합격하자.

2001.10.12.
자연과 인간은 모두 유한하고 또 무한하다. 목표를 가지는 것은 좋다. 하지만 결과만 보지 말고 그 과정을 봐라. 영미하고 메신저하다가 주위 친구들한테 연락했다. 지혜, 효원 희애 언니,

2001.10.13.
영미랑 메신저 오래 했다. 날짜를 알려주는데 오해를 했다. 난 메일을 자주 보내서 그런 줄 알고… 내 모든 걸 그리고 영미에 대한 모든 걸 기억하고 싶어서 난 쓰고 보관하고 그러는데 나만 이런가 보다. 가을을 만끽하고 싶지만 그치만 나만의 공간에서 이렇게

지금은 보이지 않은 꿈너의 마음 안에서 점점 자라

있는 것도 좋다. 아무리 머리가 좋아도 노력 앞에서는 당할 자가 없다. 난 노력한다. 조안언니가 돈까스 비싼 거 사줬다. 고마운 언니. 정말 언니 같다.

시작이다. 난 할 수 있다. 이제까지 최선을 다해 왔으니 하나님께서도 도와주실게다. 실망 말고 좌절말고 도전하자.

2001.10.14.
난 남들과 똑같이 생각하고 생활하고 싶다. 내가 여자친구를 만나는 것은 그네들이 더 이성적이기 때문이지 그 어떤 것도 아니다. 나는 나를 속이는 게 아니다. 내 인생을 위해 언제든 떠날 준비, 마음을 비울 준비는 되어 있어야 한다. 건강을 위해 운동도 하고 나를 더 사랑하자. 이제부터

2001.10.15.
체력전이다. 내 자신과의 싸움에서 졌다. 몸이 건강하고 컨디션이 좋아야 공부도 집중있게 할 수 있다. 내가 다르다는 건 좋게 받아드리고 그것을 이용하자. 가끔 친구도 필요하지만 전적으로 매달려서는 안 된다. 하루가 모여 일주일, 10개월도 짧다. 내가 운동을 안 하면 후회할 것이고 조롱할 것이다. 꼭 6시에 일어나 운동하고 아

85

별
별아
하늘의 별아
무궁한 시간의 별

나
나야
지구의 별 속
무궁한 시간이 녹아있는 나

별이 반짝
내가 반짝

다른 시간
우주 속
같은 시간

한 번 반짝거리다
그렇게
망각의 시간을 놓은 채
사라져간다

침밥도 먹자..

2001.10.16.

전화하고 메신저하고도 싶다. 근데 다르다는 건 싫고 또 한편으로는 비밀번호도 같이 상의해서 만들고 싶을 정도로 더 친근해지고 싶은 건 뭘까? 내가 있고 친구가 있다. 난 나를 속이면서 살 것이다. 아빠랑 오늘부터 서울대병원에서 달리기 운동했다. 밥맛도 있고 몸도 가뿐하니 좋은 거 같다. 경희 언니랑 키위쥬스 마시는 꿈을 꿨다. 인생은 원래 힘들고 외로운 것이다. 슬퍼해서 외로워서 뭐가 쌓인다고 하지만 그 자리일 뿐 돌아오는 건 후회뿐이다.

2001.10.17.

공부는 장기전인데 잠을 덜 자서 그런가 머리가 띵하다. 조바심을 내서 그런가...누구의 메신저를 기다리는가? 운동도 하면서 공부하자. 건강이 최고다. 영미가 홍박사라고 해서 멜 보내줬다. 내가 합격하면 친구한테 속이는 게 된다. 삼선교도 이젠 추억의 장소가 되어가는구나. 한진아파트도...이제껏 살아온 흔적이 그 친구와의 만남을 위해 존재한 거 같다.

86

해질녘
홀로 나온 개미
너와
독대하고 싶다

밤하늘
별 빛나는 곳
바람이 스치는 그곳에서
너와 얘기하고 싶다

내 마음이
내 마음이 아닐 때
네 마음이
네 마음이 아닐 때

2001.10.18.

언니가 찾아와서 같이 구두 사고 떡볶이 먹었다. 아빠랑 계속 냉전 중이래서 혼자 들어가기 싫다고 찾아온 것이다. 오랜만에 신화 봤다. 공부할 땐 공부하고 놀 땐 놀고 이래야 하나? 난 지금이 행복한 거 같다. 먹을 건 제대로 못 먹어도 맘은 편하고 좋다. 지금 이 순간을 즐기자. 그리고 집중있게 열심히 하자. 아빠가 전화기 바꾼다고 오전 내내 씨름했다. 친구랑 한때 즐거움보다 공부할 때 보람을 느끼자.

2001.10.19.

난로를 쫴서 그런가 아늑하고 좋았다. 하루하루가 편하고 좋다. 행복하다. 공부할 때가 근심도 없고 미래를 보니…윤동주의 서시처럼 모든 이들을 불쌍히 보며 내게 주어진 길을 묵묵히 그리고 끝까지 가야겠다. 한 길만 파다 보면 도달할 수 있으리 내일은 모두 들뜬 하루일 것이다. 나도 공부에 들뜨면서 보내길… 내가 가지고 있는 거에 감사하자.

2001.10.20.

영미랑 창경궁 왕세자 행사 보러 김밥 사가지고 갔다. 벤치에 앉아 얘기도 하고 낙엽도 밟아보고 좋았다. 대학로 '나'에 가서 캐릭터 사

87

길가에 이름모를
노란꽃
하얀꽃
너희들을 들꽃이라 부르는가

푸른 풀
내 발에 스치고
내 생각은
너희들을 스치네

우리는 모두
그렇게
스치네

바람도
별도
희망도
사랑도

진 찍고 인터넷 오목도 같이 두고 디지털카메라 사진 만들었다. 참 재밌고 행복했다. 변화가에서 닭갈비를 처음으로 영미랑 먹었다. 오늘은 새로운 걸 많이 경험한 날이었다. 영미야! 고마워!

2001.10.21.
언니랑 방 청소 대충하고 나섰다. 아빠랑 또 운동하고 곧바로 자긴 했는데도 피곤하다. 띄엄띄엄 공부하면 안 되는데 그래도 2001년 가을 하늘이 청초하니 참 맑았다. 언니랑 성신 근처 떡볶이, 튀김 먹고 또 각자의 길로. 언니의 인생에 걸림돌이 안 되도록 내 길을 묵묵히 가야겠다. 영미를 어제 봤는데도 또 보고싶다.

2001.10.22.
영미가 꿈에 보였다. 같이 어디를 올라가는데 못 올라가 화나서 가는...앉아서 비행기를 타고 제주도로 아니면 버스, 기차로 여행가는 생각을 해봤다. 내가 윤동주 '서시'를 좋아한다고 하니까 팩스로 보내줬다. 고마운 친구. 아빠의 성화로 잘 받았다고 전화 주고 '이런 때가 있습니다'라는 시를 보냈다. 시련 뒤의 감사함이 참 기쁨이라는 시...공부를 별로 못했다. 분발해야지.

88

하늘에서 우윳빛 별이 쏟아져
바다로 퐁당퐁당

별빛은 비 되어
하얀 비
별빛

한 사람은
그렇게
시간시간
별을 바라봅니다

그리고
이내
꿈에서 깨어납니다

2001.10.23.

공부를 안 하니까 더 울쩍해진다. 조안언니한테 계산기 빌려줄겸 해서 학교에 가 같이 밥 먹고 국사 좀 공부하고 인터넷 했다. 영미랑 메신저 했는데 영미가 시 잘 받았다고...

지방대 애들도 경쟁자이다. 빠른 시간 내에 끝내자. 내게 부족한 과목은 많다. 무식하게 하는 것도 중요하지만 요령껏 하자. 한 친구에게 바치는 책을 내고 싶다.

2001.10.24.

경희언니한테 전화한다고 했는데 영미랑 메신저 하느라 미안해서만 나 자고 했다. 스타벅스에서 맛도 없는 커피 비싸게 사주고 얘기했다. 젊을 때 못 사는 건 내 잘못이 아니라 부모의 탓이지만 늙어서 내가 못 사는 것은 내 자신의 표본이다. 놀기 위해서 지금 공부한다 생각하고 열심히 공부하자. 공무원은 매력적인 직업이다. 난 할 수 있다. 뭐든 하면 된다.

2001.10.25.

아빠가 빨래 안 하시고 커피 마시는 게 싫었다. 언니한테 그냥 냉전인 채 지내자고 하시더니 시위를 하는가 짜증이 났다. 일주일이 너무

89

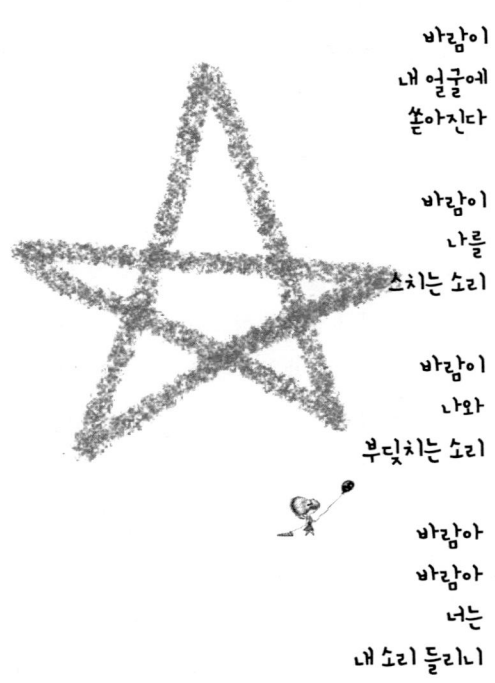

바람이
내 얼굴에
쏟아진다

바람이
나를
스치는 소리

바람이
나와
부딪치는 소리

바람아
바람아
너는
내 소리 들리니

금방 간다. 공부는 내 자신에 대한 믿음이다. 저녁으로 전자렌즈용 치킨넛을 먹었다. 조금만 참으면 여행도 다니고 편한 일생 시작이다. 지금도 그리 어렵지만은 않지만 공부할 때가 가장 행복하다. 몇 년 공부하고 평생을 여유롭게 살자.

2001.10.26.
모의고사 치러 종로행정학원에 갔다. 자그마한 학원인데도 애들이 많이 와서 봤다. 세상을 뒤집어 파란 하늘 속에 얼굴을 묻고 싶다. 회색빛 세상이 아닌...언니가 워크샵 가서 혼자 갔다. 오랜만에 혼자니까 나름대로 편하긴 하다. 이뤄내기가 힘이 든다. 엎어지고 쓰러지고 언제까지 이거에 무뎌질 때까지 계속 시험을 주시는 것일까?

2001.10.27.
컴활 필기에 떨어졌다. 왜 자꾸 이러는걸까? 울적하다. 자신감이 생겨야 하는데 기운이 없어진다. 그냥 울고 싶다. 바다를 보고 싶다. 나보다 잘난 친구 만나기가 싫다. 나는 나로 거듭나야 하는데 숨기고 싶다. 떨어졌다 울쩍함 속에 빠지면 더 헤어나오기가 힘이 든다는 거 나도 안다. 분발하자. 뭐든 쉽게 얻어지는 건 없다. 칠전팔기 정신으

90

퇴근길
밤하늘
홀로 떠있는 별 하나

푸릇푸릇 나뭇잎들 사이로
뻗어나온 햇살 한 줄기

한걸음한걸음
내 발길 따라
길 따라
하늘하늘거리는
코스모스

바람
하늘
별
노래

더 무엇을 바라겠는가

로...이젠 더 이상 친구도 없다.

2001.10.28.
노량진에 모의고사 문제집 사서 언니랑 남대문에서 렌즈 사고 명동까지 걸어가 칼국수 먹었다. 언니가 덜어줘서 잔뜩 먹고 엄마 시계, 언니 주름치마 노점에서 샀다. 언니랑 같이 돌아 다니니까 넘 좋고 행복하다. 집에 와서 만두 쪄 먹고 실컷 자고 일어났다. 매달 모의고사는 꼭 응시하고 보자.

다가는 5년 질질 끌지도 모른다. 단기간에 끝내려면 집중적으로 하자. 필름을 현상했는데 잘 안 나왔다. 석모도에서 찍은 사진. 내가 못 되면 친구도 없다. 김춘수의 꽃! 참 의미있는 시다. 마음 흔들리지 말고 12시간은 꼭 공부하자. 나 자신과의 고독한 싸움이다. 난 다르니까.

2001.10.29.
수기를 읽고 잤는데도 정신 못 차리고 늦잠을 잤다. 이런 식으로 하

2001.10.30.
회계, 국사 테이프 샀다. 거의 한 달동안 테잎만 듣고 실력을 키워야 한다. 이젠 그만 영미랑 메신저 그만할 것이다. 나는 돈 들면서 개

지금은 보이지 않은 꿈너의 마음안에서 점점 자라

는 돈 벌면서 논다. 내가 손해날 일은 절대 안 할 것이다. 절대. 경희언니도 괜히 자신감 없애게 하고 그냥 멀리하고 싶다. 나는 이용하려는 사람...모두 싫다.

2001.10.31.

아침에 운동을 못했다. 아빠랑 독서실에 책 가지러 갔다. 딸딸이 끌고 몽셸통통 벤치에 앉아 맛있게 먹기도 하고 언니가 입방식 환영식으로 김치만두 쪄 주고 떡도 먹고 넘 편하고 좋다. 내가 지금 못 입는 것은 창피한 게 아니다. 나중에 늙어서 내 인생 판단 기준이 되는 게 그때 가서 그게 진정한 나의 모습이다.

2001.11.01.

영미한테 내 우울한 모습 물들까 봐 토요일날 어디 가기로 한 거 취소했다. 합격한 것도 아닌데도 불안한 맘이 생긴다. 돈 버는 게 이리 힘든단 말인가? 나 할 나름인데도 국가 정책에 대해 원한만 앞선다. 싫다. 승은이한테서 어제 밤늦게 전화가 왔다. 그도 내 진정한 친구가 아니다. 그냥 편히 지내고 싶다. 생각 속의 세상은 올 것인가?

기억의 끝을 잡고
너의 흔적을 보아

그곳의 너
저곳의 너

그때의 마음
지금의 마음

바람은 부른데
낙엽은 뒹구는데
여전히
어김없이

너의 흔적을 보아
어김없이
오늘도

그리고
놓아
오늘도
어김없이

2001.11.02.

영미랑 메신저 하고 싶었지만 참았다. 오전에 가테이프 듣고 아빠랑 라면 끓여 먹었다. 공인 회계사가 남아 공무원 7급으로 전향한다고 하니 불안하다. 해도 그만이라는 생각이 들었다. 영미 만나서 대학로에서 우동 먹고 비디오 너무 밀려서 '나'에서 사진 찍었다. 증명 사진을 찍으려는 모습이 귀엽다. 30분을 기다리느라 콜록콜록 기침이 나왔다. 미안해하는 표정에 가라앉았다.

가주 가길 원하는 거 같았지만 전화도 메신저도 닫아놓고 있었다. 한쪽, 반쪽만 움직이는 내 마음이, 한쪽은 비워있고 고정되어 있음을 느껴본다. 안으로만 다져지게 만드신 이유는 무엇신지...답답하다.

2001.11.03.

하루종일 집에 있었다. 영미는 미용실 가야 하는 게 일이라고 내 심내

2001.11.04.

언니랑 일찍 집을 나섰다. 피씨방에도 가고 음악 들으면서 시간을 버렸다. 어느 노래도 내 허한 마음을 달랠 수 없었다. 성신에서 영미한테 장문의 편지를 보냈다. 글을 쓰면 맘이 편해진다. 나는 시인, 수필가가 되고

햇살 담은
가을 잎은
햇님을 닮아가네

하늘은 멀어져
바람은 불어

가을잎은
햇살을 품고
바람에
쓸려가네

싶다. 역부족일까? 상처받은 마음을 글을 읽어 치유받고 싶다. 하지만 기회가 오지 않았다. 순순히 기다리는 수밖에. 정한 내 모습을 나도 모르기에....

2001.11.05.

글을 쓰고 싶다. 내 솔직한 심정을 글에 담아 표현하는 게 즐겁고 좋다. 하지만 상품성을 노린 때가 묻은 글을 생각하는 내 자신에 굴욕감이 느껴진다. 그 상상을 해본다. 기회가 온다면 그때까지 내 길을 걷고 있다. 영미가 자기가 힘들면 나 만날 수 없는거냐고...그래서 솔직히 말하려는 내 말이 거짓인 걸 알아 그냥 덮었다. 진

2001.11.06.

내 일을 하면서 나만의 취미생활을 누린다. 취미가 일이 되어버린 순간 그 의미와 재미는 잃게 된다. 고달픔 속에서 힘듬 속에서 따스하고 가식 없는 글이 나온다. 내 과거를 잊고 싶다. 참는다. 세상에 뜯기고 할퀸 마음을 나만의 글에 위로를 받고 묻는다. 드러내지 않는다. 세상과 닫고 싶지만 지금은 열려고 노력하는 내 모습을 보게 된다.

나무 가지마다 알알이 달린 물방울
그 곁에 알알이 맺힌 연두빛 새싹 봉오리

긴긴 밤시간이 지나
나뭇가지 온누리에
아침 햇살이 내려앉는다
그리고
파란 하늘이 어느새 다가와
살며시 감싸안는다

째깍째깍 끼윽끼윽
짹짹 깍깍
온누리 새들이
바람따라 날아와
이리저리
나무 주위를 맴돌며 노닌다

나는
이 풍경을
마음에 담아
글로 남기며
평온을 찾아간다

2001.11.07.

다시 돌아왔다. 자랑스런 내 길로...내 꿈은 심적으로 아파하는 이들을 글로서 치유하는 것이다. 그들이 내 글을 통해 공감을 하고 수긍하는 거...하지만 나도 그들과 똑같이 아파해야 한다. 하나님! 제가 제대로 보고 있는 겁니까? 제게 주신 시련, 아픔들이 그리고 앞으로 느낄 고통들이 이러기 위해 쓰여짐입니까? 달게 받겠습니다. 그들과 저에게도 희망을 주시옵소서.

2001.11.08.

승은이 만나 공무원 테잎 같이 사주고 대학로 '나'에서 캐릭터 사진 찍고 카메라 사진도 찍었다. 영미와의 여행계 통장에 만원 넣는데 영미는 급했던지 월말에 넣었나보다. 하여튼 못 말리는 친구. 언니랑 신화 같이 보고 이 시간이 편하긴 하지만 죽어라고 해도 안 되는데...아 휴~~분발하고 열심히 하자. 주변에 신경 쓰면 안 되는데...내일부터 또 시작이다.

2001.11.09.

영미는 사무자동화기사 땄는데 아무런 얘기도 안 해줬다. 혼자 연습하고 같이 공부하는 거 뻔히 알면서도. 나도 그렇고. 적과의 동침

94

밤하늘에 기댄 달님이
강물에 서서히 비치오네

밤새 소근소근 두런두런
이야기를 나누다
강물에 달빛이 점점 물들어가네

우리는 영원히 함께 할 수 없어

하늘도 흘러
강물도 흘러

수평선이 움찔움찔
주황빛으로 번져가니
달님은 어디로 갔나
강물에 비친 달님 또한 흐릿해지네

인가? 친구를 속이는 게 싫다. 아무런 얘기 안 하는 것도 더 이상 얘기하고 싶지가 않는데 연락하고 싶은 것은 무슨 마음일까? 아빠랑 점심, 저녁으로 라면을 맵게 끓여 먹었다. 어떻게 사는 게 잘 사는 겁니까?

2001.11.10.
오전에 도서관에 책을 빌리러 학교에 갔는데 휴학생은 안 된다고 해 잘 모르는 법학과 학생한테 학생증 빌려 언니한테 책 건네주고 난 인터넷 했다. 1~2점 차이로 당락이 좌우되는데 그에 훨씬 못 미치는데 자신감이 없어진다. 어느 것도 할 수 없으

니 답답했다. 언니가 나 없어진 줄 알고 한참을 기다렸다고. 눈물이 나왔다.

2001.11.11.
언니랑 목욕탕 갔다 와서 중학교 교정을 이러저리 둘러보았다. 변한 건 별로 없는데 나도 별로 없는데 시간만 흘러간 거 같다. 영미랑 처음으로 영미는 집에서 메신저 했다. 별로 할 얘기는 없었지만 그래도 기분이 좋아졌다. 멀리 두고 미워하고 싶어도 시간이 지나면 보고 싶어지고 좋아지는 건 왜일까? 정신 차리자. 공부 공부뿐이다.

겨우내 추위를 견디다
갈라진 나뭇가지를 뚫고
보들보들 미끈미끈
봉긋 나온 목련이여
여전히 봄의 시작을 알리는구나

잎새보다 먼저
봄바람보다 먼저
그렇게 빨리 전하고 싶었구나
추운 겨울이 지나갔다고
따뜻한 봄이 왔다고

하늘의 별은 잿빛 먼지에
하나둘 지워져
보이지 않지만
너는 밤에도
땅의 별로
하얗게 피어나는구나

너는 땅의 생명
너는 땅의 별

2001.11.12.

경희언니 만났다. 친구 때문에 혈압이 오르내리며 힘들어하고 서럽게 우는 언니를 보니 나도 눈물이 나왔다. 뭐 때문에 그렇게...이해는 잘 안 되지만 서럽다. 영미는 편히 보는 게 편한가 갑작스럽게 약속을 정하는 게 좋냐고 하니까 좀 화가 났나보다. 내가 편히 볼 수 있는 친구가 되고 싶다. 들었다. 내가 아닌 모습을 보여주는 것이 이젠 싫다. 이젠 나와는 다른 친구와 떨어지는 연습을 해야 한다. 내가 진정으로 웃었던 적이 오늘 있었던가? 가식 웃음 거두고 싶다. 뒤통수는 내가 먼저 친다.

2001.11.13.

영미랑 메신저 하다가 대학로에서 보기로 했다. 만둣국 먹고 '엽기적인 그녀' 비디오를 나카드로 공짜로 봤는데 스피커 때문에 잘 못

2001.11.14.

매정하게 끊을 수가 없어 억지로 메신저에 들어가서 얘기 좀 하다 나왔다. 라이별이 되어버린 친구를 이제는 멀리 하련다. 내가 살아갈 인생은 길다. 90세까지 산다면...지금 몇 년 공부한다고 손해날 것은 없다. 내

오늘도
바람이 어김없이 불어온다
어디서 온 바람일 줄도 모른 채
이리저리 흔들린다

하늘한테 따지듯
아우성치는 시간시간들

꽃이 피고
잎이 나고
잎이 떨어지고
뿌리로 들어간 시간이 쌓여
아름드리 나무는
하늘을 받치며
바람과 함께 춤을 춘다

나무는 말한다
바람을 막을 수 없다면
내가 자라리라
하늘로하늘로

가 예전에 좋게 봤던 황수정이 히로뽕 투여 혐의로 구속됐다. 그네들을 위한 아주 감미로운 글을 써 남기고 싶다. 아픈 이들을 보담아 주고 싶다.

2001.11.15.
영미가 메일을 남기는 통에 매정하게 끊을 수가 없어 메신저 했다. 경희언니랑 여행 간다고 하니까 자기는 자제해 왔는데 하면서...내가 꿈에 나왔나보다. 곰에 쫓기는 꿈을 꿨다고. 앞으로 영미라는 친구 이름이 이 일기장에서 언제 떠날고...지켜 주시옵소서. 내가 아니어도 행복을 느낄 수 있게...앞으로 그런 날이 오겠지만...

2001.11.16.
영미가 집에서 스트레스 받나보다. 직장, 취직, 장래 문제로...내년에 세무직 별로 안 뽑는다고 하니 걱정이다. 그래도 내 본분 충실히 하면서 준비하면 기회는 찾아온다. 동아일보에 시를 내고 싶었지만 나중에 수필집을 내련다. 나를 더 생각하고 더 아끼자. 아빠의 답답한 심정을 이해하고 싶다. 언니가 피자헛 50% 할인쿠폰으로 피자 사왔다.

지금은 보이지 않은 꿈너의 마음 안에서 점점 자라

2001.11.17.

어떻게 무엇부터 해야 할까? 언니랑 명동에서 칼국수 사리까지 배불리 먹고 100일 기념으로 지오다노에서 목도리 샀다. 털옷같은 겉옷도 사고 싶고 이쁜 옷이 참 많았다. 세상에는 입고 싶은 것도 많고 먹고 싶은 것도 많다. 나는 이 세상에서 혼자이고 나 같은 이가 있을까? 웃고 있어도 난 우울하다. 티비를 봐도 내 자신이 들켜버린 거 같아 숨긴다.

2001.11.18.

집에서 하루종일 언니랑 방 청소하고 '화려한 계절', '여우와 솜사탕' 드라마 봤다. 다들 내가 먼 저 정 주 고 내가 떠나온 사람들...꿈쩍도 안하는데 혼자서 이러는 거 나만 시간만 버리게 된다. 벌써부터 해이해지면 안 된다. 어떻게 사는 게 좋은가? 꿈이 너무 멀리 가고 있다. 좋은 일 하고 다음 세상에는 평범하게 살고 싶다.

2001.11.19.

남들과 같은 고민을 한다는 건 행복한 것이다. 취업 걱정, 진로 걱정, 결혼...하지만 영미의 허한 마음을 내가 채워줄 수 없다는 거 알았다. 멀리 떨어져서 나를 바라본다. 나를 위한다. 난 다르다. 자꾸 멀어지고 싶은데

97

여기가 아니어도 상관없어

여기에 없어도
바람에게 소곤소곤

여기에 없어도
나무 나무 사이
흐르는 강물에 띄우며

바람 따라
이리 흔들 저리 흔들
　　　순응하며

여기가 아니어도 상관없어

도 외롭다. 그래서 먼저 연락한다. 하지만 난 우정보다, 사랑보다 내가 우선이다. 난 이기적이다.

2001.11.20.
나를 건드려 놓았다. 서정주의 시로..팩스로..고맙다는 인사치레로 메신저에 들어갔다. 할 얘기가 없는데 놀거리가 없는데도 그 친구가 생각이 난다. 보고 싶지만 볼 수 없는...언니가 많이 외로워할 거 같다. 허한 기분...난 언니를 위해 산다. 목숨을 내어서라도 언니 때문에 산다. 그렇게 살기로 했다.

2001.11.21.
친구를 생각한 마음에 기도하겠다고 했는데 하나님께 기도했냐는 식으로 나오니까 기분이 나빴다. 뭐가 뭔지 모르겠다. 다짐을 하면서도 그러면서도 내 마음을 모르겠다. 마음의 여유가 생겨서는 안 되는데 이래서는 안 되는데 꼭 합격해야 하는데 모르겠다. 아빠가 페리카나 먹고 싶다고 언니한테 말해달라고. 꼭 해 드리고 싶다.

2001.11.22.
언니랑 대학로에서 라볶기 먹고 돈암까지 걸어가 인터넷 좀 하다가 집에 와서 김치찌개 맛

98

시간을 거슬러
너를 만나러
그곳으로 가는 길

옛 노래를 들으며
옛 글을 보며
옛 생각을 한다

지금 이 글
지금 이 길

훗날
이곳으로
시간을 거슬러
너를 만나러

지금 글을 쓴다
여전히
지금 길을 간다
묵묵히

있게 해먹었다. 희애언니를 우연히 봤는데 얼굴이 말이 아니었다. 법학과 애들하고 어울려 어린애들 틈에 있는 모습에 그냥 모른 체하고 싶었다. 사람 맘이란 간사하다. 그렇게 따르고 그럴 때가 언젠데 몇 달이 지났다고 눈에서 멀어졌다고 하는지..

2001.11.23.
경희언니가 직장 그만뒀는데 안 좋게 끝냈다고 속상해 하면서 안개 속을 뚫고 강화에 도착했다. 코레스코 모텔은 깨끗하고 아늑했다. 밤에 도착해서 무섭기도 했는데 김치찌개, 삼겹살 구워 먹다가 기름에 튀기면서 도 맘껏 먹 었 다. 뮤직 비디오 보고 재밌게 사진도 찍고 늦게까지 얘기하다 잠들었다. 정말 맛있게 먹었다.

2001.11.24.
체크아웃하고 전등사에 갔다. 떨어지는 잎을 주우며 소원 빌고 포즈 취하며 사진도 찍었다. 잠을 못 자서 그런가 버스에서 자고 오징어포 먹고 신촌에서 다이어리 샀다. 리필. 환상 속에서 언제나 고생한 경희언니는 내일 결혼식 알아본다고 하는데 공장 다닐 수도 있다는 말에 쓸쓸하다. 꼭 공무원 합격해서 주위 사람들에게 베풀고 싶다.

99

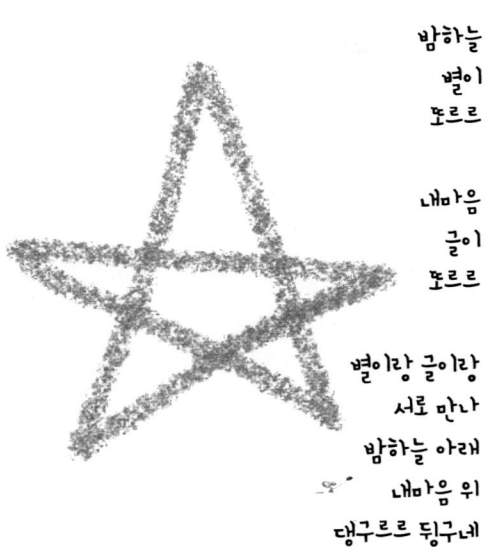

밤하늘
별이
또르르

내마음
글이
또르르

별이랑 글이랑
서로 만나
밤하늘 아래
내마음 위
댕구르르 뒹구네

2001.11.25.

친구도 나와는 다른 하나의 인격체이다. 나와 같다고 생각하고 같이 행동하기를 바래서는 안된다. 내 친구는 오직 영미뿐이다. 언니랑 목욕탕 갔다 와서 거의 하루종일 잤다. 언니랑 같이 있으면 편하고 좋다. 내 목숨보다 소중한 울 언니...나 열심히 하련다.

정하지 말고 지금 곁에 있으면 내가 할 수 있는 한 잘해주자. 곤히 자고 있는 울 언니, 추운데도 고생하는 울 엄마, 히죽히죽 웃으시는 울 아빠를 위해 난 희생해도 좋다.

2001.11.26.

인터넷 다운 받는데 시간이 얼마나 걸렸는지, 우리 언니 늦게 들어오는지 물어보는 거 속마음 다 안다. 같이 게임하고 싶고 같이 만나고 싶은 거...미래를 걱

2001.11.27.

내 주위 사람들이 나에게 상처주는 말을 해도, 부담주는 말을 해도 받아드리자. 거부해봤자 나만 더 비참할 뿐이고 아무런 이득되는 게 없다. 그렇다. 난 그렇게 태어났다. 부담을 주는 말을 이용하자. 노력하는 자에게 기회는 온다. 영미 만나 즐겁게 웃고 얘기 나눴다. 7급 준비한다고 하

100

어제도 보고
오늘도 봤어
계속 보고 또 봤어
너를
그렇게 계속 봤는데
나보다 일찍 일어난거니
나보다 늦게 잔거니

푸른 빛에서
붉은 빛 노란빛으로
언제 그렇게
변한거니

이해할 수 없어
나무야
너를
이해할 수 없어

니까 마음이 편하다.

2001.11.28.
아빠가 돈을 더 대출받고 싶다는 말에 언니가 성질을 내서 심난하다. 주기적으로 찾아오는 슬픔. 하늘도 슬프고 나도 슬프다. 그냥 종로에 가서 혼자 돌아다녔다. 커피 마시고 우동 먹고 글을 쓰면서 울었다. 소리 없이. 한숨이 덜 나왔다. 엉뚱한 소리도. 행동은 불안이 조금 없어졌다. 난 더 이상...취업 사이트에 들어가 봤다. 아무것도 없었다. 아무것도.

2001.11.29.
하늘도 슬픈 하루가 시작됐다. 아빠가 건강 생각지 않고 밥만 먹는다고 혼냈다. 괜시리 짜증이 나도 아무말 없이 종로에 승은이 만나러 갔다. 공무원 강의 듣고 놀부부대찌개 맛있게 먹었다. 친구 땜에 힘들어하고 잘 보이려는 모습이 안 돼 보였다. 나도 그리 진정한 친구가 못 되기에 미안하다. 두렵다는 건 떨어질 여력이 남아 있기 때문이다.

2001.11.30.
영미랑 20년 후의 모습을 가상해서 메신저 했다. 난 그 모습이 아닐 텐데 다른 이들 생활상을

101

하늘에서
햇빛이 내려와
강물에 퐁당퐁당

깊이깊이 품어
오래오래 흘러

바다로
하늘로

바다를 품은
하늘별이 되다

그랬다. 난 그냥 여유롭게 편히 잘 먹고 여행 다니면서 사는 게 지금 바랄 수 있는 꿈꿀 수 있는 모습이다. 정신을 바로 가다듬고 받아드리자. 아빠가 부엌에서 홀로 등을 보인 채 국 냄비를 들고 밥 먹는 모습이 애처로워 보였다.

겠다. 나에게 해 준 거 없다고 생각지 말고.

2001.12.01.

오빠가 와서 농심가에 가서 삼겹살 구워 먹고 순두부 찌개 해 먹었다. 언니가 밤늦게까지 발이 아프도록 김장했다. 난 파만 다듬고…오빠가 직장에서 말을 잘 안 들으니까 주먹으로 때렸나 손등이 아픈가 보다. 오빠가 동생 뭐 사준다고 오고 잘 해 줘야

2001.12.02.

은영이가 시험 못 봤다고 내 앞에서 울었다. 그냥 나랑 비슷한 점이 있어 동정심이 간다. 친구로서 가식적인 면이라도 잘 해줘야겠다. 내일부터 시작이다. 마지막 기회라 생각하고 열심히 해야겠다. 난 휴학을 했고 시간이 없다.

2001.12.03.

아침에 사발면 사들고 독서실로 오랜만에 갔다. 오전엔 시계 초침 소리만 들리고 난로 옆에

102

살아가는 나무야
살아가야 하는 나무야

스치는 바람아
스쳐가야 하는 바람아

일어나는 풀들아
일어나야 하는 풀들아

나 또한
너와
그렇게
여기에 있다

서 잡생각 하면서 공부했다. 아직 갈피를 못 잡은 거 같아 복잡하지만 9급 위주로 겹치는 과목은 7급 위주로 하고 실전에 임하는 기분으로 문제를 많이 접하자. 엄마. 나이 들어서 일도 제대로 못 하시는데 여유를 부릴 만큼 불효녀는 되지 말자.

2001.12.04.
영미한테 영미학교(초등) 같이 간다고 답변해줬다. 월드컵 경기도 한번 보러 가자고. 지금 공부할 때가 행복한 순간이다. 이 순간들을 즐기자. 밥은 최대한 맛있게 먹고. 사람이 사람을 지배한다는 거 우습다는 생각이 든다. 다 똑같은 인간인데 누구는 군림하고 누구는 밑바닥 인생을 살고…일정한 규칙이 없는 걸까? 집에 갈 시간이 가장 기쁘다. 허름하지만 반겨주는 사람이 있는 따뜻한 공간..

2001.12.05.
아빠한테 나도 모르게 짜증이 났다가 조용히 계시는 모습을 보니 내가 못됐다는 생각이 그제야 들어 말을 건넸다. 아무말 없이 하루를 보냈지만 그 또한 덧없이 흘러갔다. 시간은 어떤 일을 하더라도 잘 가고 난 어디로 가는 것일까? 갇힌 공간에서 얼마나

지금은 보이지 않은 꿈너의 마음안에서 점점 자라

오래 있어야 한단 말인가? 하나뿐인 아빠, 엄마, 언니, 오빠를 위해 난 오늘도 열심히 산다.

2001.12.06.
내가 아니고 싶은 날 거울 속에서 봤다.
세상에 지쳐 두려워 떨고 있는 나...하지만 일어서련다. 내가 경영학과에 들어온 이유는 실용적, 경제적 삶을 살기 위함인가? 문득 자신의 행복에 의미를 부여한다. 날 지켜보고 계신 거처럼...내 앞가림을 스스로 하고 싶은데 버겁다. 어렵게 살고 있는 나...하지만 이 길이 내 길인 걸... 벗어날 수 없다면 받아드리자. 그리고 당당히 보여주자.

2001.12.07.
되도록 빨리 집에서 나왔다. 영미랑 메신저 하고 싶었지만 이제는 그럴 여유도 부리면 안된다. 방문을 열고 나서는데 부엌에서 계시는 아빠의 얼굴이 보였다. 참 많이 늙으셨다. 자식을 위해 헌신하시지만 당신 뜻대로 안 되시는 모습이 안타깝다. 여름,겨울 모두 나름대로 즐겼으니 나도 행복한 사람이다. 그리고 따뜻이 공부할 수 있다는 것도…

103

어느 한때 스친 곳
어느 한때 그 사람

아득하니
거슬러 갈 수 없는 곳
아득하니
다시 만날 수 없는 사람

아득하니
멀고
아득하니
먼 사람

달빛 내려
눈 감으니
그곳 그 사람이
생각납니다

2001.12.08.

점심 때 영미 만나서 영미가 다녔던 초등학교에 갔다. 6년을 되집어 가는데 미끄럼틀에서 내려다보고 청초한 하늘아래 옛 얘기들을 나눴다. 변한 것도 있고 그대로인 것도 있고, 영미는 다른 친구들이 시집 일찍 가는 건 괜찮아도 난 늦게 갔으면 좋겠다고. 정도의 차이인 우정. 영미도 평범하고 친구일 뿐이다. 기대해서도 바래서도 안 된다. 하나님께서는 여러 가지 인생들을 나눠주시는 거 같다. 대학로에서 교회 찬송 부르는 거 구경했다.

2001.12.09.

영미한테 멜 썼다.

정말 난 너무 행복해서는 안 되나보다. 식구들에게 좋은 딸이 되려면 나를 숨기고 살아야 한다. 내 불행은 주위 사람들에 행복이 될 수 있다. 하리수는 당당히 자기 모습을 내보이는 게 좋아 보이기도 하고 그네도 불쌍하다. 심적으로 외로운 이들을 보담고 싶다. 너무 멀리 있는 이야기에 어제 언니랑 서울대병원 오면서 울었다. 내가 속상하게 했다.

2001.12.10.

영미 꿈을 꿨다. 그냥 나도 모르게 작아지는 느낌이 든다. 당당해질 수 있는 조금만이라도 그럴

수 있는 용기와 힘을 주시길… 모든걸 잊고 공부에 매달리자. 그 희망찬 내일을 위해서 공부하는 것 보다 내 쓸데없는 생각들을 없애기 위해 난 공부한다. 엄마가 감기에 걸리셨는데도 일을 나가셨는데 편히 이렇게 공부해서 벌을 받나… 하나님! 계신가요? 인간을 낳게 하시고 책임을 지시지 않나요?

2001.12.11.
약국에 들러 심장, 떨림증에 한약 성분의 약을 사가지고 오면서 기도드렸다. 엄마, 아빠, 친구, 저보다 못한 이들을 위해 봉사하면서 살고 싶은데 도와 주시라고. 근데 빨리 치유 받고 싶었는데 여전히 그렇다. 영미가 제2의 박지연이 태어났다고 주의 요망이라고… 그래 그때는 기분이 나빴지만 너무 얽매이지 말고 친구도 나와는 다른 존재이다. 내 갈 길을 묵묵히 가야 한다. 하나님! 저에게 용기와 힘을 주세요.

2001.12.12.
영미가 날 울렸다. 뭐 때문에 화가 났는지 모르지만 기분이 나쁘고 불쾌하다. 별로 기분이 좋지 않는 데도 어제 일로 오해를 풀려고 들어간 거였는데 메신저를 차단시키더니..이런 식으로 끝나는 건가? 이제는 당당히

혼자 가는거다. 어차피 멀어질 거 지금 멀어진다고 달라질 거 없다. 하나님! 이렇게 살라하면 살지요. 울라하면 울지요. 제 간절한 기도 들으셨나요? 여전히 자신이 없군요.

미...행복하기도 하고 부담스럽기도 하다.

2001.12.13.
영미랑 오해가 풀렸다. 나 혼자 북치고 했지만...오전내내 메신저 했다. 나보고 홍빈이라고 하는데 우스웠다. 아빠가 식구들이 관심 가져주는 게 좋으신가 보다. 사업에 대해..영미가 저녁에 독서실로 찾아와서는 복숭아홍차, 녹차 주고 롯데리아에서 얘기하다 갔다. 나한테 너무 잘 해 주는 영

2001.12.14.
경희언니한테 사진도 전해줄겸 송내역 언니네 갔다. 쿠키 사들고 꼬맹이의 마중 속에 차, 빵 먹으면서 얘기했다. 아르바이트 점 찍는 일하고 뜨개질도 배우려고 책까지 사는 꿈이 많고 화려함 속에서 사는 게 어울리는 그 언니가 결혼해서도 행복하게 살길 바란다. 언니가 정 때문에 기분이 좋아졌다 나빠졌다 너무 아끼는 거에 좀 화가 났나 보다.

2001.12.15.

언니랑 이대 앞 꽃샘미용실에 매직스트레이트 하러 갔다. 잡지를 보고 있는데 내가 그리던 작가. 내 인생을 보는, 아니 보고싶은 노희경 작가에 대한 글이 나왔다. 읽고 또 읽고. 일주일 동안 여행 그리고 글과 연애를 한다. 단란한 가정을 이룬다는 건 나에겐 멀리 있고 다가가서도 안 되는 꿈. 내가 가려는 곳은 이미 정해져 있고 또 내가 만들어간다.

2001.12.16.

어느새 중순도 가고 이제는 한해도 저물어간다. 오빠가 와서 같이 밥을 먹었다. 사람들과 어울리는 걸 싫어하고 아빠 생신이라고 달랑 3만 원 내놓는 게 차갑게 느껴진다. 싫어도 좋아도 내 핏줄이니…그냥 계속 잤다. 노희경 '화려한 시절'도 보고 공감되고 가슴이 찡한 그런 장면은 없지만 그녀를 닮고 싶다.

2001.12.17.

은행에서 돈을 많이 움켜 줍는 꿈을 꿨다. 일어나 은행 앞에서 복권을 사서 긁어 봤더니 꽝이였다. 나도 어느새 요행을 바라는 것인가? 아빠께 변변찮은 선물조차 못해 드리는 이제 스물다섯이나 먹은 딸이 되었다. 제

대로 딸 노릇도 못하는 걸 보니 눈물이 핑 돌았다. 돈이 나를 자유롭게 한다. 아빠가 머리를 깎고 오시는 모습이 언제나 안쓰러워 보인다. 한 가닥 희망으로 살아가시는 아빠…

이 알지만 정작 잘 모르는 친구. 우체국(광화문) 들렸더니 세란언니가 치약, 비누 잔뜩 주고 하리수도 봤다.

2001.12.18.
영미한테 내가 실수했다. 영미는 앤을 그렇게 좋아하는지 내가 물어봐는 줄게하고 냉담하니 말을 해서 섭섭했나 보다. 멜로 미안하다고 남겼다. 승은이 만나 테이프 전해주고 집까지 같이 갔다. 온달에서 돈까스 먹고, 그냥 다른 사람을 만나면 만날수록 영미가 생각난다. 나에 대해 많

2001.12.19.
아빠가 옛날 원단값 때문에 오빠한테로 전입 신고한다고 워드를 쳐 드렸는데 아빠 나이에 또 모르는 이한테 한끝 희망으로 우편을 부친다고 생각하니 마음이 아프다. 영미가 기분이 우울해하니까 나까지 우울해진다. 정작 사람들에 둘러싸여 행복해지길 바라면서 한편으로는 그렇지도 않고 이중된 내 모습을 보게 된다. 엄마가 스트레스를 많이 받

으신가 보다. 삶이 참 버겁다는 생각이 든다.

2001.12.20.

영미가 독서실 남는 문제집 줄 수 있냐고. 내 길을 같이 가는 친구. 나를 더 생각하기에 마음을 내보이고 싶지 않은 친구. 그냥 멀리 하고 싶기도 하고 멀어지는 기분이다. 그녀도 힘들고 여유가 없는 삶속에서 우정을 찾는다는 건 우스울 뿐이다. 난 뛰어나고 싶다. 내 친구보다 행복해지고 싶다. 그게 진정한 내 모습이다. 언니가 회사에서 스트레스받나 울었다. 울 식구를 위해 산다. 친구가 지적하는 건 싫다.

2001.12.21.

모의고사 응시를 했는데 엉망이었다. 이게 내가 가야 할 진정한 길인가? 그냥 자신이 없다. 난 공부할 때가 가장 편하고 좋다. 놓고도 싶지만 자고도 싶지만 진정한 편안함이 아니기에 난 하련다. 열 번 보고도 안 되면 포기하고 그때까지 분주히 노력하련다. 인생은 하나님이 정해주시기도 하지만 내가 만드는 것이다. 내가 내 길을 만드는 것… 난 가련다. 묵묵히 지금 주어진 길을…

2001.12.22.

마약과도 같은 시험인가? 이해인수녀님의 책을 봤다. 참 고운 말을 골라서 쓰시는데 나도 그네처럼 속세와 인연을 끊고 살아가고도 싶지만 나를 낳고 길러주신 부모님, 언니에 대한 예의가 아니기에 난 오늘도 이렇게 공부를 한다. 난 공부를 함으로써 내 자신을 가다듬고 이 글을 써간다. 너무 편히 살 수 없는 게 그게 인생이기에 아픔을 겪고 고통을 즐긴다.

2001.12.23.

독서실에서 모의고사를 풀었다. 또 많이 틀렸다. 이게 내 길이 아닌가? 나는 충분히 나를 홀로 둘 수 있다. 홀로 여행할 수 있고 홀로 밥을 먹을 수 있다. 어디든 새로운 사람을 만나 어울릴 수 있다. 너무 한 친구에 급급해 하지 말고 내 자신을 사랑하자. 주위 친구들한테 멜을 썼다. 크리스마스 카드 생각지도 않는데 글이 절로 나오는 건 이게 내 특기인가?

2001.12.24.

영미랑 메신저 하다가 내일 보기로 한 거에 들떠 있었는데 예배 드리고 여행가기로 했었는데 아빠가 다른 교회에 가서 드리는 건 아니라고 해서 취소했다. 난 기분 나쁜 상태로

가기가 싫다는 거였는데 영미는 또 오버해서 받아들였나보다. 서로 너무 깊이 생각하는 게 이제는 싫다. 이쯤에서 놓아야겠다. 은영이네 들러 케이크 사고 샴페인 터트리고 크리스마스 분위기 냈다.

2001.12.25.

보고싶다. 그립다. 내가 떠나보냈는데 홀로 외로운 심정을 달래본다. 지금 무지 행복하면 그 뒤에 찾아오는 공허함에 지금 조금 행복함 속에 아픔을 느끼련다. 내가 그 친구의 아픈 맘을 달래줄 수가 없기에 조용히 물러서련다. 친구야! 나 무지 행복했어. 지금껏 받은 행복을 줄 수는 없지만... 친구 때문에 마음이 아프다. 영미 때문에 두 번째 눈물을 흘린다.

2001.12.26.

조용히 보낼 준비를 했다. 더 이상 말로 맘 아파하고 싶지도 않고 더 이상 보여주고 싶지 않다. 근데 하늘을 봐도 달 옆에 별이 있기에 생각이 나고 저녁에 찾아올 거 같아 기다리는 건 또 무슨 심보인가? 하나님! 전 어찌해야합니까? 아빠한테 좋은 사람 나타나면 결혼 한다며 마음 상하게 하고 영미한테도 주지 못할 멜 보내고 맘이 아파 눈물을 흘렸다. 내가 더

맘이 아플까요? 그냥 잊고 공부해야겠다.

2001.12.27.

일 년을 한 친구와 더불어 생활한 거 같은데 이제는 놓으련다. 여러 친구들과 어울리면서 지냈으면 하는데 난 해줄 수가 없다. 강인해지련다. 더 이상 흔들리지 않으련다. 아빠가 다른 걸 연구하시는 게 안 돼 보이기도 하고 좋게는 안 보인다. 밤하늘을 보면서 외로운 심정을 달래본다. 책을 보면서 복잡한 심정을 잊어본다. 볼 수 있는 눈과 아파할 수 있는 맘, 가질 수 있어 행복한가요?

2001.12.28.

나도 21살이였던 때가 있었던가? 사시 합격생 명단을 보니 젊어서 출세한다는 게 좋게 보였다. 내가 나이가 많아 보인다. 난 한 게 하나도 없는데… 혼자 사는 게 난 좋다. 가끔 친구한테 전화하고 여행도 편히 가고, 다른 사람을 의식하면서 불행해지지 말자. 난 나대로 사는 것이다. 하루가 짧으면서도 긴 건 왜일까? 경희언니, 승은이한테 전화 걸었다. 공중 전화로. 오랜만에. 누르고 싶은 번호가 따로 있는데도…

2001.12.29.

자존심을 버려야 하는가? 그냥 이대로가 좋은가? 나는 나대로 또 너는 너대로 그렇게...건강하면서 공부할 때가 가장 행복하다. 늙어서 누군가에게 손을 내밀고 싶지 않으려면 그리고 그 죽음을 준비하는 기간이 인생이라고 한다면 달게 받을 것이다. 보고 싶다. 눈이 왔다. 특기와 취미는 자기가 만드는 것이다. 자동차 안에서 여유를 즐기면서 그렇게 지내기 위해서는 지금 열심히 하자.

꿈을 꿨다. 많이 보고 싶다. 꿈에서라도 볼 수 있어 행복하다. 내 이런 맘을 알아줄까? 해주고 싶은 건 많은데 해줄 수 없는 맘. 내가 더 큰 상처를 받을까 봐 멀리한다는 걸. 언니에게도 그 누구에게도 짐이 되기는 싫다. 아빠가 많이 힘들게다. 그들에게 힘이 돼주고 싶다.

2001.12.30.

손을 꼭 잡고 가는데 호랑이가 나타나 그 손을 무는

2001.12.31.

마음이 아픈 2001년 마지막 날이다. 워드 쳐 드리지 못한다고 아빠께 말한 것도 속상하고 영미한테 심통 부린 것도 그리고 독서실 앞에

서 추운데 자고 있는 거지 아줌마도 내 맘을 아프게 한다. 나한테 과분한 친구다. 나를 더 아끼고 사랑하기에 그러기에 내가 더 이상 상처받고 싶지 않아서 홀로 내 길을 걷기로 한 것이다. 난 그렇게 젊어지고 갈 내 인생이기에.

일 년을 마무리하는 글

하루하루 충실히 죽어라고 살다보면 한 달이 되고 그 한 달이 일 년이 되어 내가 걸어온 길을 돌아보면 설령 그 길이 아니었다해도 그게 최선이었다고 말해본다. 누군가에게 등받이가 되고 나 또한 등받이가 되어주면(서로를 의지한 채 등받이가 되면) 그 또한 편할 수 없다. 누군가에게 우산이 되어주고 싶다. 같이 아픔을 같이 하고 기쁨을 누릴 수는 없으나 빗물이 새는 우산이라도 뒤에서 받쳐주고 싶다. 비단향꽃무. 외로움에 익숙해져 있는 그 상태 그 모습으로도 아름다울 수 있다. 사막이 아름다운 건 희망이 있기 때문이다. 걷다가 지쳐 고단해지더라도 나를 아끼는 사람들과 함께할 희망, 기쁨을 누릴 희망...오아시스가 있다는 희망이 아니야. 그 오아시스가 내 목마른 마음과 몸을 채울 수 있을지는 모르기 때문이지… 하나님께서는 아픔도 한꺼번에 주지 않으시고 기쁨도 한꺼번에 주지 않으신다.